Jean Piaget zur Einführung

Ingrid Scharlau

Jean Piaget zur Einführung

JUNIUS

Junius Verlag GmbH
Stresemannstraße 375
22761 Hamburg
www.junius-verlag.de

Umschlaggestaltung: Florian Zietz
Titelbild: Klett-Cotta
Satz: Junius Verlag GmbH
Printed in the EU 2013
ISBN 978-3-88506-646-0
3., überarbeitete Auflage 2013

Die Deutsche Nationalbibliothek – CIP-Einheitsaufnahme

Bibliografische Information Der Deutschen Nationalbibliothek
Die Deutsche Nationalbibliothek verzeichnet diese Publikation in der Deutschen Nationalbibliografie; detaillierte bibliografische Daten sind im Internet über http://dnb.d-nb.de abrufbar.

Inhalt

1. Einleitung

Versucht man als neugieriger Leser, sich das Werk Jean Piagets zu erschließen, stößt man schnell auf Widersprüche und Ungereimtheiten. So gilt Piaget als einer der bedeutendsten Entwicklungspsychologen des 20. Jahrhunderts. Er selbst hat sich jedoch gar nicht als Entwicklungspsychologen verstanden, sondern als Erkenntnistheoretiker. Piaget ist *der* Lehrbuchklassiker der Entwicklungspsychologie, doch in den Literaturverzeichnissen aktueller Forschungsartikel macht sein Name sich rar. Seine systematische Theorie des kindlichen Denkens wird bewundert, und trotzdem hat sich die entwicklungspsychologische Forschung inzwischen Detailfragen zugewandt, ohne an der Theorie weiterzuarbeiten. Kein Bestandteil seiner Theorie – abgesehen von den allgemeinsten Gemeinplätzen – ist nicht grundlegend und begründeterweise angezweifelt worden.

Piaget hat nach vorläufigen Schätzungen mindestens 25.000 veröffentlichte Seiten verfasst, doch zitiert wird lediglich eine Handvoll Bücher. Sein Werk ist thematisch sehr breit – es umfasst Evolutionstheorie, Zoologie und Entwicklungspsychologie, Grundlagen der Mathematik, Logik und anderer Wissenschaften, Wissenschaftsgeschichte und Erkenntnistheorie. Überlebt hat davon – wenn überhaupt – nur die Entwicklungspsychologie. Schließlich hat Piaget erfolgreich eine große produktive und interdisziplinäre Arbeitsgruppe gegründet und geleitet und darin eine unabdingbare Voraussetzung für den Erfolg seines wissenschaftlichen Unternehmens gesehen. Trotzdem wird sein Werk gelesen, als habe er es allein geschaffen.

Einige der Widersprüchlichkeiten gehen auf seine revolutionären Gedanken zurück, die Wissenschaft und Philosophie bis heute nur teilweise integrieren konnten. Andere lassen sich aus der ungewöhnlichen und für Fachwissenschaftler schwer zu erschließenden Breite von Piagets Werk erklären. Interessanterweise jedoch finden sich unter der Vielfalt an der Oberfläche einige wenige Forschungsschwerpunkte, die Piaget von Beginn an begleiten: erstens die Untersuchung von Teichschnecken, mit der er als Schüler begonnen hatte und die er bis in die späten Jahre fortsetzte, zweitens Untersuchungen zu der Frage, wie sich vom Säuglings- bis zum Jugendalter geistige Fähigkeiten, Denken und Weltbild des Kindes entwickeln, und drittens eine wissenschaftliche Erkenntnistheorie. Und auch diese drei Forschungsschwerpunkte haben einen gemeinsamen Kern: Piaget selbst sagt rückblickend, er sei von einer einzigen Grundidee beherrscht worden, welche in den verschiedenen Phasen seines Schaffens auf unterschiedliche Weise Ausdruck gefunden habe. (Vgl. AB, S. 15) Diese Grundidee führte ihn von der Biologie über die Psychologie zur Erkenntnistheorie.

Als er untersuchte, wie sich Teichschnecken bei der Ausbildung ihrer Gehäuse an ihre Umweltbedingungen anpassen, entwickelte Piaget die Idee eines Gleichgewichtes von Organismus und Umwelt. Er vermutete, dass erfolgreiche Anpassung durch einen wechselseitigen Austausch von Organismus und Umwelt zustande kommt. Neben körperlichen Prozessen könnte auch das Denken ein solches Gleichgewicht darstellen. Selbst in wissenschaftlicher Erkenntnis sah er – eine seiner provokantesten und interessantesten Behauptungen – im Kern ein biologisches Problem kontinuierlicher und progressiver Anpassung zwischen Denken und Umwelt.

Piagets biologische Forschung legte also ein theoretisches Fundament für seine spätere psychologische und erkenntnistheoretische Forschung. Nicht minder wichtig ist, dass sie auch einen methodischen Schwerpunkt setzte. Piaget entschied sich emphatisch für die Forschungsmethoden der empirischen Naturwissenschaften, Experiment und Mathematisierung. Seine frühe und intensive Auseinandersetzung mit der Biologie motivierte ihn dazu, theoretische Behauptungen stets aus empirisch gewonnenen Tatsachen abzuleiten oder an diesen zu überprüfen, und in der Fülle der Befunde, die er stets für seine Schlussfolgerungen beibrachte, liegt eine seiner größten Stärken.

Zwischen den Problemen der Biologie einerseits und der Erkenntnistheorie andererseits nimmt die Psychologie eine vermittelnde Stellung ein. Piaget vermutete, dass die geistige Entwicklung des Kindes einen Übergang zwischen biologischen und Erkenntnisphänomenen darstellt. Er zeigte, dass Menschen auf ihrem Weg vom Säugling zum Erwachsenen eine tiefgreifende kognitive Entwicklung durchmachen und dabei eine Vielzahl von Fähigkeiten und Begriffen selbsttätig aufbauen. Grundlegende Konzepte wie Raum und Zeit, die Vorstellung, dass die Welt unabhängig vom Menschen existiert, der Unterschied zwischen Mentalem und Materiellem werden nach Piaget aus den wenigen angeborenen Handlungsschemata des Neugeborenen nach und nach aufgebaut. Er behauptete, dass diese kognitive Entwicklung das Bindeglied zwischen den Formen der biologischen Organisation und den Formen der Erkenntnis darstellt. Um diese Annahme zu stützen und eine »Embryologie der Intelligenz« (AB, S. 162) aufzubauen, führte er zahlreiche Studien zur geistigen Entwicklung durch, in denen er die Strukturen und die Gleichgewichtsformen der Intelligenz und den Aufbau verschiedener Kategorien und Begriffe untersuchte.

Diese Beschäftigung hatte mehr als nur eine entwicklungspsychologische Bedeutung – sie vollendete sich in einer »genetische Epistemologie« genannten Erkenntnistheorie, die Piaget 1950 veröffentlichte. Ziel der philosophischen Erkenntnistheorie ist es, die Bedingungen der Möglichkeit von Erkenntnis zu untersuchen. Dies ist einerseits Selbstzweck – die Beantwortung einer interessanten Frage –, hat aber andererseits auch eine Funktion, denn diese Untersuchung soll wissenschaftlicher Erkenntnis ein Fundament bereitstellen. Piaget behauptet, dass die Erkenntnistheorie vor allem die Entwicklung von Erkenntnis erforschen muss – die Entstehung der Erkenntnisfähigkeit in der kindlichen Entwicklung und der menschlichen Stammesgeschichte.

Mit der Erkenntnistheorie als Hauptanliegen ordnet sich Piaget in eine philosophische Tradition ein und sprengt diese zugleich. Seit dem Beginn der Neuzeit fragt die Philosophie nicht mehr direkt nach der Welt oder Wirklichkeit. Diese Aufgabe wird von den sich jetzt nach und nach von der Philosophie lösenden Einzelwissenschaften übernommen. Die Philosophie hingegen wendet sich nun dem Erkennen selbst zu: Sie untersucht die Bedingungen der Erkenntnis, welche in der menschlichen Subjektivität liegen. Dabei geht es nicht um die konkrete Subjektivität, also Denken, wie Menschen es tatsächlich vollziehen, sondern um Subjektivität in einem allgemeinen Sinne, um die notwendigen Bedingungen wahrer Erkenntnis.

Hiermit wird das Thema Erkenntnis doppeldeutig: Die Psychologie bemüht sich um die Untersuchung der tatsächlichen Entstehung von Erkenntnis, die Philosophie um deren Geltung und Wahrheit, und das eine hat, so zumindest die gängige Position von Psychologen und Philosophen, nichts mit dem anderen zu tun. Die besondere Herausforderung seines Ansatzes liegt darin, dass Piaget zeigt, dass die beiden Aspekte untrennbar miteinander verwoben sind. Die Geltung einer bestimmten Erkenntnisform kann seiner Ansicht nach auf ihre Entwicklung in Phylo- und Ontogenese des Menschen zurückgeführt und durch diese erklärt werden. Mit diesem Ansatz führt er die beiden in der Neuzeit auseinanderlaufenden Erkenntnisformen von Wissenschaft und Philosophie wieder zusammen – provozierender noch: er versucht, das Gebiet der Erkenntnistheorie zu verwissenschaftlichen und so die philosophische Erkenntnistheorie in eine wissenschaftliche, die genetische Epistemologie, zu überführen. Diese Grundausrichtung der Erkenntnistheorie ist heute so aktuell wie in der Mitte des 20. Jahrhunderts, als Piaget sie zum ersten Mal klar formulierte, und vielleicht ist sie sogar noch aktueller, denn in vielen Bereichen – Bewusstseinsforschung, Kognitionspsychologie, Neurowissenschaften – ist Zusammenarbeit zwischen Psychologie und Philosophie inzwischen selbstverständlich geworden.

Diese Einführung legt den Schwerpunkt auf Piagets Studien im engeren Umfeld der genetischen Epistemologie. Aus seinem empirischen Werk werden die ab Ende der dreißiger Jahre durchgeführten Untersuchungen über die Entwicklung des Erkennens beim Kind herangezogen. Die reichhaltigen Studien zur Genese einzelner wissenschaftlicher Konzepte wie etwa des Zahlbegriffs, des Messens, des räumlichen Denkens, der Kausalität werden exemplarisch berücksichtigt. Ich möchte übrigens ausdrücklich empfehlen, diese Studien selbst zu lesen und sich nicht mit den Zusammenfassungen in dieser Einführung wie auch in Lehrbüchern zu begnügen. Gerade ihre Details, die in Zusammenfassungen stets verloren gehen, bieten das reichhaltigste und interessanteste Material, und sie sind unabdingbar, wenn man sich Piagets Theorie erschließen will.

Den theoretischen Schwerpunkt der genetischen Epistemologie bildet die dreibändige *Entwicklung des Erkennens* von 1950. Sie enthält die theoretisch kohärenteste und überzeugendste Fassung dieses Ansatzes. Einen sinnvollen Einstieg in Piagets Theorie bieten die kurze Zusammenfassung im *Abriß der genetischen Epistemologie* sowie vier Vorlesungen, die unter dem Titel *Ein-*

führung in die genetische Erkenntnistheorie veröffentlicht wurden. *Weisheit und Illusionen der Philosophie* setzt sich explizit mit der Funktion philosophischer Einsicht auseinander. Von unverhohlener Polemik gegenüber den Fundierungsansprüchen der Philosophie, liefert die Schrift dem Projekt einer wissenschaftlichen Erkenntnistheorie Beistand von anderer Seite; sie ist aber auch deswegen interessant, weil sie deutlich zeigt, dass Piaget kein naiver Positivist oder Naturalist ist, sondern ein äußerst reflektiertes und kreatives Selbstverständnis von Wissenschaft vertritt.

Ziel dieser Einführung ist es, das verbreitete Bild von Piaget als Entwicklungspsychologen zurechtzurücken, indem seine Forschung zum kindlichen Denken in den breiteren Kontext seiner genetischen Epistemologie gestellt wird. Dabei dürfen die im engeren Sinne psychologischen Inhalte, vor allem seiner Stufentheorie der Denkentwicklung natürlich nicht fehlen. Aber auch diese sollen noch einmal von anderer Seite beleuchtet werden: In der abschließenden Würdigung sowie bei der Darstellung seiner entwicklungspsychologischen Stufentheorie werde ich ausführlich auf die empirische Forschung nach Piaget eingehen.

2. Biographie

Jean Piagets Leben kennen wir in erster Linie aus einer Autobiographie, in der er ausführlich über seine wissenschaftliche Entwicklung, leider aber nur wenig über sein persönliches Leben berichtet. (Vgl. AB) Er wurde am 9.8.1896 in Neuchâtel in der Schweiz als Sohn eines Historikers geboren. Eine nicht ganz einfache Familiensituation und der Wunsch, es dem Vater – seiner Beschreibung nach ein gewissenhafter, systematischer und dem Detail wie der Wahrheit verpflichteter Mann – gleichzutun, brachten ihn früh zur Wissenschaft, in seinem Fall der Naturkunde. Kaum eine biographische Darstellung vergisst zu erwähnen, dass Piaget im Alter von knapp elf Jahren in einem naturgeschichtlichen Magazin seinen ersten Artikel veröffentlichte. Der Text lautet: »Ende des vergangenen Monats Juni sah ich zu meiner großen Überraschung im Faubourg de l'Hôpital in Neuchâtel einen Spatzen, der alle äußeren Merkmale eines Albinos zeigte. Er hatte einen weißlichen Schnabel, einige weiße Federn auf dem Rücken und den Flügeln, und der Schwanz war von derselben Farbe. Ich kam näher, um ihn genauer anzusehen, aber er flog davon. Ich konnte ihm mit den Augen für einige Minuten folgen, dann verschwand er durch die Ruelle du Port [...].«[1]

Kurz nach – Piaget deutet an: wegen – dieser Veröffentlichung begann er, unter der Leitung des Direktors eines naturhistorischen Museums, Schnecken zu bestimmen. Wenig später veröffentlichte er die ersten Artikel zu diesem Thema, zunächst in ähnlicher Kürze wie der Text über den Spatzen. Rückblickend kritisiert Piaget, dass er in ihnen noch wenig Ernsthaftes leistete, vielleicht deswegen, weil es sich im Wesentlichen um Beobachtung und Klassifikation handelte. (AB, S. 18) Sein Denken erhielt durch die zoologische Arbeit jedoch eine wissenschaftliche Prägung, die für seine spätere Arbeit von größter Bedeutung war.[2] Piaget ist hier übrigens ganz Kind seiner Zeit: Im 18. und 19. Jahrhundert war es üblich, dass bürgerliche Gelehrte große naturwissenschaftliche Sammlungen anlegten und auf diese Weise an Wissenschaft teilhatten. Die zum Sammeln und Klassifizieren benötigte Fähigkeit, zugleich zahlreiche Details im Auge zu behalten und den Blick für das Ganze nicht zu verlieren, macht eine seiner großen wissenschaftlichen Qualitäten aus.

Noch während der Schulzeit setzte sich Piaget intensiv mit der Philosophie auseinander. Seine Schilderung dieser Phase bleibt unklar, aber er weist häufiger auf philosophische Krisen der Jugend hin. Manche seiner grundlegenden Überzeugungen, etwa die Idee, dass biologischer Organismus und Erkenntnis eine enge Verbindung haben und dass Ganzheiten aus einer reziproken Organisation von Teilen und Gesamtstruktur entstehen, verdankt er der Philosophie. Jedoch betrachtet er diese Zeit später als Irrweg. Philosophischen Systemen fehlt die »Grundlage der Erfahrung«, sie beruhen auf Spekulation – der »Dämon der Philosophie« –, und Piaget versuchte, durch seine zoologische und später durch seine experimentelle Arbeit diese Gefahr zu bannen. (AB, S. 20 u. 28)

Piaget vermutete schon in seiner späten Schulzeit, dass ganz verschiedene Phänomene – etwa biologische Arten, Gesellschaft, logische Kalküle – und ihre Teile – Organismen, Einzelindividuen, logische Begriffe und Gesetze – wechselseitige Gleichgewichte zwischen Ganzem und Teilen darstellen. Er nahm außerdem an, dass zwischen diesen verschiedenen Strukturen Beziehungen bestehen, und insbesondere dass die formale Logik einer Logik der Handlungen entspringt. Aus dieser Überzeugung entwickelte sich der »Entschluß, mein Leben der biologischen Erklärung der Erkenntnis zu widmen« (AB, S. 154). Diese Frage hat ihn sein ganzes Schaffen hindurch geleitet. Piagets wichtigste Mitarbeiterin, Bärbel Inhelder, schreibt: »Vorherrschend war bei mir jedoch der Eindruck, der stets neu bestätigt wurde, daß Piaget an einem Lebenswerk schuf« (Inhelder 1997, S. 36), und eine Verbindung zwischen Biologie und Erkenntnis herzustellen war der Kern dieses Lebenswerks.

Im Jahre 1915 legte Piaget sein Abitur ab und nahm in Neuchâtel ein Biologiestudium auf, das er 1918 mit einer Promotion über die Weichtiere des Wallis abschloss. Sein weiterer akademischer Weg führte ihn zunächst nach Zürich, wo er experimentelle Psychologie studierte und mit Psychopathologie und Psychoanalyse in Berührung kam. Im Jahr 1919 hielt er in Paris einen Vortrag über Psychoanalyse, der zu deren Einführung in Frankreich beitrug. (Vgl. Kesselring 1999; Piaget 1920) Etwa acht Monate lang führte er eine Psychoanalyse bei der Jung-Schülerin Sabina Spielrein durch und hielt 1922 auf einem psychoanalytischen Kongress in Berlin einen Vortrag über kindliches Denken. Dennoch beschreibt er rückblickend die Zürcher Zeit als einen Irrweg, und von den psychoanalytischen Grundgedanken bleibt in seinem späteren Werk wenig bestehen.

Der Irrweg fand ein Ende, als Piaget 1919 für zwei Jahre nach Paris ging. Hier kristallisierte sich eine erste Idee vom Übergang zwischen Biologie und Erkenntnis und eine empirische Forschungsmethode zur Beantwortung seiner Fragen heraus. Entscheidend war, dass er im entwicklungspsychologischen Labor Alfred Binets (1857-1911), eines Begründers der Intelligenzmessung an Kindern, arbeiten konnte. Ursprünglich sollte er dort einen Intelligenztest des britischen Psychologen Cyril Burt für französische Kinder standardisieren. Bei der Befragung der Kinder machte er eine faszinierende Entdeckung: Sie begingen bei scheinbar einfachen Aufgaben systematische Fehler. Eine dieser Aufgaben lautet folgendermaßen: «Edith ist blonder als Susanne. Edith ist dunkelhaariger als Lili. Welche ist die Dunkelhaarigste?« Kinder bis zum Alter von zwölf Jahren können dieses Problem nicht lösen. Sie glauben, dass Lili die dunkelhaarigste ist. Piaget führt dies darauf zurück, dass sie die Begriffe »blonder« und »dunkelhaariger« nicht komparativ, sondern als Eigenschaften »blond« und »dunkel« verstehen. Weil Susanne nur die Eigenschaft »blond« hat , Lili nur die Eigenschaft »dunkel«, Edith aber beide Eigenschaften, schließen sie, dass Lili die dunkelhaarigste ist. Dies weist darauf hin, dass sie grundsätzlich anders denken als Erwachsene.

Dass Piaget dieses Anderssein so schnell erkannte, lässt sich möglicherweise auf einen Einfluss der Psychoanalyse zurückführen. Ähnlich wie die Psychoanalyse dem »anderen« Denken des Unbewussten Interesse entgegenbringt, brachte auch Piaget dem »anderen« Denken des Kindes Sympathie entgegen. Ähnlich wie die Psychoanalytiker ging er zeitlebens davon aus, dass Fehler viel über das Denken und seine Muster verraten. Dass er solche Muster fand – beispielsweise die Verwendung von komparativen Begriffen als positiv –, bestätigte seine Annahme, wonach das Verhalten und Erkennen von Menschen eine Logik oder Struktur aufweist, die sich im Laufe der psychogenetischen Entwicklung tiefgreifend ändert.

Über diese und weitere Ergebnisse veröffentlichte Piaget in den frühen zwanziger Jahren seine ersten wissenschaftlichen Artikel. Kurze Zeit später wurde er Édouard Claparèdes (1873-1940) Oberassistent in Genf. Hier konnte er nun umfassende empirische Studien zur kindlichen Intelligenz durchführen. Er plante zunächst, sich etwa zwei bis drei Jahre dem kindlichen

Denken zu widmen, dies durch Untersuchungen zur frühkindlichen Intelligenz zu ergänzen und dann bald zur Biologie der Erkenntnis zurückzukehren. Zunächst erforschte Piaget Sprechen, Urteilen, Kausalitätsverständnis und Weltbild junger Kinder und veröffentlichte seine Ergebnisse zwischen 1924 und 1932 in mehreren Bänden.[3] Diese Arbeiten zogen die Aufmerksamkeit der Fachöffentlichkeit schnell auf sich, wurden intensiv diskutiert und haben das Bild Piagets in der Psychologie lange geprägt. Piaget selbst bewertete sie später allerdings als theoretisch und methodisch unvollkommen.

Im Jahre 1925 wurde Piaget nach Neuchâtel berufen. Er lehrte dort Psychologie, Philosophie der Naturwissenschaften und Soziologie und setzte seine empirisch-psychologischen Untersuchungen fort. 1924 hatte er seine Genfer Mitarbeiterin Valentine Châteney geheiratet. In den folgenden Jahren wurden drei Kinder geboren. Beide Eltern beobachteten die frühkindliche Entwicklung intensiv. Die Beobachtungen füllen drei grundlegende Werke zur frühkindlichen Entwicklung. (EIK, AWK und NST) Sie stellen den ersten revolutionären Schritt in Piagets psychologischem Werk dar: Es gelang ihm hier, den Übergang von den angeborenen Verhaltensschemata zu den frühesten Formen der Intelligenz zu fassen.

Im Jahre 1929 wurde Piaget als Professor für Wissenschaftsgeschichte zurück nach Genf berufen, zugleich wurde er Direktor des mit der Unesco zusammenarbeitenden Bureau International de l'Éducation. Forschungen in drei Gebieten prägten das folgende Jahrzehnt. Piaget beschäftigte sich eingehend mit Geschichte und Erkenntnistheorie von Mathematik, Physik und Biologie. Dies war eine wichtige Voraussetzung für die spätere genetische Epistemologie. Er führte seine empirischen Untersuchungen mit erweiterten und verbesserten experimentellen Methoden sowie präzisierten, für die Erkenntnistheorie bedeutsamen Themen wie Zahl, Zeit, Bewegung, Geschwindigkeit, Raum und physikalischen Mengenbegriffen fort. In ihnen gelang es ihm, im Denken sieben- bis zwölfjähriger Kinder – also dem, was er später die Stufe des konkretoperationalen Denkens nannte – eine Art mathematischer Struktur aufzudecken. Diese Struktur bildet eine psychologische Gleichgewichtsform, die er auch in Begriffen der Logik formalisieren konnte, ein wesentlicher weiterer Hinweis darauf, dass seine These von der Kontinuität zwischen den biologischen Strukturen und den Strukturen der Erkenntnis richtig war.

Zwei weitere Ereignisse dieser Periode verdienen eine Erwähnung: 1936 wurde Piaget von der Universität Harvard seine erste Ehrendoktorwürde verliehen (insgesamt sollten es über dreißig werden), und 1937 begann die langjährige und produktive Zusammenarbeit mit der Psychologin Bärbel Inhelder, ohne die ein Großteil seines empirischen Werks nicht zustande gekommen wäre.

1940 übernahm Piaget Claparèdes Lehrstuhl für experimentelle Psychologie. Ende der vierziger Jahre konnte er dann »endlich mein altes Projekt, eine genetische Epistemologie zu schreiben« (AB, S. 42), realisieren. Es ist dies die dreibändige *Entwicklung des Erkennens* von 1950, in der Piaget die Idee einer wissenschaftlichen und genetischen Erkenntnistheorie entfaltet. Dieses Buch empfand Piaget als eine Synthese, deren Zeit nach der langen Phase empirischer Untersuchungen reif war. Es »war an der Zeit, Schlüsse zu ziehen, und das habe ich auch in diesem allgemeinen Werk versucht.« (AB, S. 179) Die *Entwicklung des Erkennens* ist Piagets zentrales theoretisches Werk. Sie vollendet die ursprünglich auf wenige Jahre geplante, dann aber über fast drei Jahrzehnte fortgeführte Phase entwicklungspsychologischer Experimente. Das heißt nicht, dass nun keine experimentellen Untersuchungen kindlichen Denkens mehr durchgeführt worden wären – im Gegenteil. Sie dienen nun aber mehr der Unterstützung und Verfeinerung bereits gewonnener Ergebnisse, weniger dem Aufdecken grundsätzlicher Strukturen.

Dass die genetische Epistemologie Denken und Erkenntnis in Mathematik, Physik, Biologie, Psychologie und anderen Wissenschaften wissenschaftlich erklären will, verlangt nach disziplinübergreifender Zusammenarbeit von Wissenschaftshistorikern, Entwicklungspsychologen und Fachwissenschaftlern anderer Disziplinen. Um diese zu verwirklichen, gründete Piaget 1955 in Genf das Centre International d'Épistémologie Génétique. Jährlich wurde hier neben empirischen Untersuchungen eine Tagung zu einem epistemologischen Problem durchgeführt, zu der Wissenschaftler der beteiligten Disziplinen eingeladen wurden. Eine Reihe mit dem Titel *Études d'Épistémologie génétique* dokumentiert die Ergebnisse dieser einzigartig produktiven disziplinübergreifenden Zusammenarbeit. Piaget ist es gelungen, hochrangige Fachwissenschaftler an das Centre zu holen, beispielsweise Benoît Mandelbrot, Begründer der fraktalen Geometrie, den Logiker Willard V.O. Quine, Warren McCulloch, der die so genannte Logik der Neuronen entdeckte, den Chemiker und Nobelpreisträger Ilja Prigogine, den Systemtheoretiker Heinz von Foerster, Thomas Kuhn, der Ende der sechziger Jahre mit seiner These von der Struktur wissenschaftlicher Revolutionen und der Paradigmenverhaftetheit menschlichen Erkennens Berühmtheit erlangte, und Seymour Papert aus der Forschung zur Künstlichen Intelligenz – wie auch der amerikanische Psychologe Jerome Bruner ein späterer Kritiker der piagetschen Entwicklungspsychologie. In einzelnen Fällen hatte diese Zusammenarbeit interessante Resultate. So revidierte der belgische Logiker Léon Apostel, anfänglich ein Vertreter des logischen Positivismus, nach gemeinsamen experimentellen Untersuchungen seine ursprünglichen Überzeugungen zugunsten der von Piaget vertretenen genetischen Auffassung. Andere Wissenschaftler – Papert und Bruner mögen als Beispiele hierfür gelten – haben sich zwar intensiv, aber überwiegend kritisch mit Piaget auseinandergesetzt.

In den folgenden Jahren arbeitete Piaget weiter an seinem Projekt der genetischen Epistemologie und vervollständigte seine Entwürfe. Darüber hinaus erhalten seine Forschungen nun eine deutlich strukturalistische Richtung. Diese ist schon in den empirischen Studien angelegt, da Piaget die Fähigkeiten des Kindes als (protomathematische) Strukturen begreift und formalisiert, wird aber erst in späteren Werken und wohl auch unter dem Einfluss der Kybernetik theoretisch ausgeführt. Piaget greift nun auch seine frühe Idee des Gleichgewichts zwischen dem Ganzem und seinen Teilen wieder auf und fasst sie unter Berücksichtigung kybernetischer Grundgedanken in eine Äquilibrationstheorie, welche den Prozess der Entwicklung des Erkennens als einen selbstregulativen Gleichgewichtsprozess von Strukturen versteht.

Schließlich kehrt auch die biologische Thematik wieder, in Gestalt eines Buches über biologische Erkenntnistheorie, das den 1950 vorangegangenen Entwurf der genetischen Epistemologie ersetzt. Die Genese des Erkennens wird hier in den biologischen Organismus und die Evolution der Arten hinein verlängert. Piaget untersucht nun die Bedingungen der Erkenntnis in der physischen Organisation des menschlichen Körpers und fügt so die Evolution der Arten, die Phylogenese der Art homo sapiens, seine Ontogenese und die Erkenntnisentwicklung in den Wissenschaften zu einer einzigen kontinuierlichen Entwicklung zusammen.

Piaget blieb bis ins hohe Alter wissenschaftlich tätig. Im Jahre 1976 verteidigte er vor Mitarbeitern, Kollegen und Studenten seine Äquilibrationstheorie in einer informellen Prüfung. Obwohl einer der einflussreichsten Psychologen des 20. Jahrhunderts, hatte er selbst nie ein psychologisches Examen abgelegt. Im Alter von 84 Jahren starb Piaget am 16.9.1980.

Anders als oft dargestellt, ist Piagets Schaffen nicht das Werk eines einzelnen Mannes. Er hatte zunächst wenige, später zahlreiche Mitarbeiterinnen und Mitarbeiter, von denen ihn einige – Bärbel Inhelder, Hermine Sinclair und Alina Szeminska – lange begleitet haben. Insbesondere Bärbel Inhelder ist aus seinem Werk nicht wegzudenken. Sie hat die experimentelle Methode entwickelt, mit der er seine besten Studien durchgeführt hat, sie hat einen Großteil der ausgeklügelten Experimente entworfen und sie hat auf Vortragsreisen in den USA erheblich zu seinem Bekanntwerden und seinem internationalen Ruhm beigetragen. Da Piaget und Inhelder überwiegend gemeinsam veröffentlicht und so eng zusammengearbeitet haben, wie wenige Wissenschaftler im 20. Jahrhundert, lassen sich ihre Beiträge zur genetischen Epistemologie nicht leicht voneinander trennen. Sicher ist aber, dass Piaget sie interessanterweise gerade für den Teil seiner Arbeit brauchte, den er für den wichtigsten hielt, nämlich die empirischen Untersuchungen. Über das Jahr 1943, als sie nicht bei Piaget arbeitete, schreibt Inhelder: »Piaget versuchte mich zu überzeugen, daß er meine Anwesenheit brauche, um seiner Tendenz, ein völlig abstrakter Denker zu werden, entgegenzuwirken.« (Inhelder 1997, S. 56) Solche Widersprüche – abstraktes Denken und empirische Arbeit – sind äußerst charakteristisch für Piagets Werk. Noch kennzeichnender ist aber der Enthusiasmus, mit dem er sich ihrer Überwindung gewidmet hat.

3. Das empirische Werk

Bekannt geworden ist Piaget zunächst durch seine entwicklungspsychologische Forschung. Seine Theorie der Stufen der kindlichen Entwicklung steht im Zentrum seines Werkes und verdient deswegen ausführliche Berücksichtigung. Auch wenn spätere psychologische Forschungen Piagets Bild von den Fähigkeiten und der Entwicklung des Kindes korrigiert und in Zweifel gezogen haben, so ist sein Schaffen doch von bleibendem Wert. Es zeichnet sich durch seine hohes Ausmaß an Systematik, theoretischer Kohärenz und Reflektiertheit aus. Darüber hinaus hat Piaget nützliche psychologisch-wissenschaftliche Methoden entwickelt. Auf beide Aspekte – die Methode der Psychologie und die entwicklungspsychologische Stufentheorie – wird im Folgenden ausführlich eingegangen.

Die Methoden der Psychologie

Piaget nutzt in seinen wissenschaftlichen Untersuchungen vielfältige Forschungsmethoden. In dieser Vielfalt hat er aber auf ein Prinzip größten Wert gelegt: Wie alle Wissenschaften, so müssen auch Psychologie und genetische Epistemologie auf beobachtbaren Tatsachen gründen. Piaget nennt diesen Bezug auf die Empirie »experimentelles Vorgehen«, in Anlehnung an die erfolgreiche experimentelle Methode der modernen Naturwissenschaften.

Genau betrachtet, fallen unter das, was Piaget summarisch »die experimentelle Methode« nennt, verschiedene Verfahren, und zwar die klinische Methode, die revidierte klinische Methode, Trainingsmethoden und Beobachtungen und Beschreibungen.

Die *klinische Methode* ist die erste empirische Methode, die Piaget verwendet hat. In seiner Zeit in Paris hatte er gelernt, Interviews mit psychiatrischen Patienten zu führen, mit denen er die Wurzeln ihrer Vorstellungen und Krankheitssymptome aufzudecken versuchte. Diese Methode übertrug er auf seine Untersuchungen des Denkens und Weltbildes von Kindern. Kern ist ein Gespräch, in dem man dem Kind eine Reihe von Fragen stellt, seinen Gedanken viel Raum gewährt und auf seine Erklärungen mit weiteren Fragen und Vorschlägen antwortet. Damit soll das Kind veranlasst werden, sein Weltverständnis und Denken offenzulegen. Als Beispiel sei hier ein Gespräch mit einem siebenjährigen Kind zitiert: »Weißt du, was das ist: denken? – *Ja.* – Denke an dein Haus, machst du mit? – *Ja.* – Womit denkst du? – *Mit dem Mund.* – Kannst Du auch denken, wenn der Mund geschlossen ist? – *Nein.* – Wenn die Augen geschlossen sind? – *Ja.* – Wenn die Ohren verschlossen sind? – *Ja.* – Schließe deinen Mund und denke an dein Haus. Denkst du? – *Ja.* – Womit hast du gedacht? – *Mit dem Mund.*« (WK S. 48 f.)

Die klinische Methode leidet unter Schwächen. Erstens setzt sie entwickelte Sprachfähigkeit voraus.[4] Die Forschung nach Piaget hat dies klar bestätigt und immer wieder zum Anlass von Kritik an Piaget genommen. Zweitens bleiben die bewussten, sprachlich artikulierbaren Fähigkeiten des Kindes oft hinter denjenigen zurück, die in seinem Handeln zum Ausdruck kommen. Es ist drittens möglich, dass die Fragen des Erwachsenen das Kind dazu bringen, eine Weltsicht zu erfinden, die nicht die seine ist. Piaget hat sich sehr darum bemüht, dies durch Vorsichtsmaßnahmen zu verhindern. Ein wesentlicher Schritt vorwärts gelang aber erst, als seine Mitarbeiterin Bärbel Inhelder die revidierte klinische Methode entwickelte.[5]

Die *revidierte klinische Methode* wurde erstmalig in den Untersuchungen über die physikalischen Mengenbegriffe angewandt. Nun steht das Handeln des Kindes im Vordergrund. Es löst eine Aufgabe durch Handeln, und dabei tauschen der Versuchsleiter und das Kind sich über das Problem und die Lösungsversuche aus. Beispielsweise bitten Piaget und seine Mitarbeiterin Alina Szeminska in Versuchen zur Entwicklung des Zahlbegriffs das Kind, einer Reihe Vasen ebenso viele Blumen zuzuordnen. Hat es das erfolgreich getan – es gelingt etwa ab dem Schulalter ohne größere Probleme –, fasst der Versuchsleiter alle Blumen zu einem Bündel zusammen und fragt: »Ist das gleich viel an Blumen und Vasen? – *Nein.* – Warum? – *Es gibt mehr Vasen.* – Gibt es genug Blumen für die Vasen? – *Ja.*« Man rückt die Vasen zu einer Gruppe zusammen. »Und jetzt? – *Es gibt mehr Blumen.*« (Piaget und Szeminska 1975, S. 74)

Während das Kind handelt und erläutert, bildet der Versuchsleiter Vermutungen über die Denkstrukturen des Kindes und überprüft diese durch Nachfragen. Diese Methode hat nach Einschätzungen Inhelders Komponenten eines sokratischen Dialogs. (Inhelder, 1997, S. 45) Interessanterweise sind viele Kinder aber resistent gegen eigene Widersprüche, die vom Versuchsleiter aufgedeckt werden.

Als ausführliches Beispiel für die revidierte klinische Methode soll ein weiteres Experiment zum Zahlbegriff dienen. Natürliche Zahlen haben zwei Aspekte, einen kardinalen (Mengengröße) und einen ordinalen (größer als oder kleiner als), von denen im Folgenden der zweite im Vordergrund steht. Der Versuchsleiter legt dem Kind zehn Stäbe unterschiedlicher Länge vor. Die Längenunterschiede sind mit 0,8 cm so klein, dass sie aufmerksames Vergleichen erfordern. Das Kind wird aufgefordert, die Stäbe der Länge nach zu sortieren. Der Versuchsleiter beobachtet, wie das Kind die Stäbe aufreiht und welche Fehler es macht, und fragt sich, was hinter diesen Fehlern stecken könnte. Bildet es überhaupt eine Reihe? Verwendet es dabei das richtige Kriterium? Piaget hat zum Beispiel entdeckt, dass Kinder häufig die Stäbe in einer aufsteigende Linie der oberen Enden anordnen, ohne auf ihre unteren Enden zu achten, so dass sie nicht ihrer wirklichen Größe nach geordnet sind. Jüngere Kinder gehen unsystematisch vor, vergleichen zufällig herausgegriffene Paare und wiederholen dies, ohne zu einer Gesamtlösung zu kommen. Ältere gehen die Aufgabe planvoll an, indem sie wiederholt den jeweils kleinsten (oder größten) Stab heraussuchen. Bei Gelegenheit fragt der Versuchsleiter nach, wobei er sich meist sehr zurückhält. Aus den Gesprächsprotokollen ist ersichtlich, dass er vor allem fragt: »Ist das richtig?«, »Wie kann man sicher sein, dass es richtig ist?« oder »Wie hast Du das herausgefunden?«

Bärbel Inhelder hat in späten Jahren eine *Trainingsmethode* entwickelt, die auf der revidierten klinischen Methode aufbaut. Hierbei wird versucht, Kinder, die sich nah an der Schwelle einer Entwicklung befinden, mit den Widersprüchen ihres Denkens zu konfrontieren und damit diese Entwicklung auszulösen. Später wird dann erhoben, wie weit sich diese Entwicklung – sofern aufgetreten – verfestigt und auf verwandte Bereiche übertragen hat. Piaget war an diesen Untersuchungen nicht direkt beteiligt, hat sie aber sehr geschätzt. (Inhelder, Sinclair und Bovet 1974)

Eine weitere Methode hat es nicht zu einem eigenen Namen gebracht. Es sind dies Piagets detailreiche und systematische *Beobachtungen und Beschreibungen* frühkindlichen Verhaltens über längere Entwicklungszeiträume. Diese Methode ist für die Untersuchung der ersten beiden Lebensjahre des Kindes wichtig, in der Handlungsmöglichkeiten und Sprachfähigkeit des Kleinkindes so eingeschränkt sind, dass sie Piaget zufolge keine systematischen Experimente zulassen. Die spontanen Aktivitäten des Kindes bieten jedoch, wie er eindrucksvoll gezeigt hat, eine Fülle an Beobachtungsmaterial. Die Beobachtung hat Piaget in geeigneten Situationen durch einfache Experimente ergänzt.

Hier ein Beispiel: Mit neun Monaten und neun Tagen sitzt Piagets Tochter Jacqueline

»in ihrer Wiege und schaut sich meine Uhr an, die ich 20-30 cm von ihren Augen entfernt halte und dann an der Kette herunterlasse. Beim 1. Versuch folgt Jacqueline der Bahn, jedoch mit einer gewissen Verzögerung, und findet die Uhr auf der Decke, die ihre Knie bedeckt [...]. 2. Versuch: Sie folgt nicht der Bewegung, sieht meine leere Hand mit Erstaunen und scheint sogar um meine Hand herum zu suchen (dieses Mal habe ich den Gegenstand ohne weiteres losgelassen). [...] Mit 0;9 (10) erneuter Versuch mit Jacqueline, aber mit einem kleinen Heft [...]. Dieses Mal schaut Jacqueline sofort zu Boden, obwohl sie gar nicht die Zeit hat, der Fallbahn zu folgen: Sie sieht nur den Anfangspunkt des Falls und meine leeren Hände. Mit 0;9 (11) gleicher Versuch mit ihrem Papagei. Sie schaut wieder sofort auf den Boden. Bei der Uhrkette hingegen ist ihre Reaktion völlig negativ, offensichtlich, weil der Gegenstand weniger groß ist: Jacqueline prüft erstaunt meine leeren Hände.« (AWK, S. 26 f.)[6]

Was kennzeichnet diese Methoden als experimentelle? Psychologische Experimente zeichnen sich dadurch aus, dass Hypothesen über kausale Zusammenhänge gebildet, die Einflussfaktoren dann in einer standardisierten Laborsituation variiert, deren Auswirkungen gemessen werden und abschließend die Hypothese statistisch überprüft wird. Allen vier Forderungen wird in Piagets Experimenten nur sehr bedingt Genüge getan.

Piagets Experimente sind selten hypothesentestend, sondern haben die Funktion, Fähigkeiten zu erschließen und zu systematisieren. Entsprechend fehlt auch die Variation experimenteller Einflussfaktoren. Was man als Variation bezeichnen könnte, ist, dass er oft mehrere Aufgaben mit ähnlicher Struktur parallel untersucht. Die Aufgabe, verschieden lange Holzstöcke in eine Reihe zu bringen, wird zum Beispiel dadurch ergänzt, Rechtecke unterschiedlicher Größe zu sortieren oder Puppen verschieden große Spazierstöcke zuzuordnen. (Diese Aufgabe, bei der korrespondierend zwei Reihen gebildet werden müssen, ist übrigens nicht schwieriger als die, eine einzelne Reihe zu bilden!) Dabei geht es aber gerade nicht darum, einen Einfluss des Materials zu belegen, sondern im Gegenteil darum zu zeigen, dass das Kind an verschiedenen Materialien dieselben kognitiven Strukturen zeigt, also nicht um Variation. Lediglich in den späten Trainingsuntersuchungen von Inhelder und den Gedächtnisexperimenten wurden Gruppen mit und ohne Training verglichen. Das entspricht den psychologischen Standardmethoden.

Piaget hat schon in seinem Frühwerk standardisierte Tests zur Erfassung des Intelligenz- oder Entwicklungsniveaus abgelehnt. Auch in den experimentellen Untersuchungen verzichtet er auf eine Standardisierung der Versuchssituation, also die Kontrolle äußerer Einflüsse und die systematische Messung der Einflüsse vorab bestimmter Faktoren. Sein Experimentieren ist im Gegenteil gerade auf die Entdeckung von *neuen und unbekannten* Verhaltensweisen des Kindes ausgerichtet: »Es handelte sich im Gegenteil darum, hinter die Geheimnisse eines Denkens zu kommen, das wir nicht im voraus kannten, und weitestmöglich zu vermeiden, dieses Denken zu begrenzen, umzuformen und auch zu beeinflussen durch die Form der gestellten Fragen.« (EWM, S. 19) Dazu muss der Versuchsleiter offen für Unerwartetes sein, feinfühlig erschließen können, was das Kind meint, und flexibel antworten und reagieren können. Wenige psychologische Forscher des 20. Jahrhunderts haben diese Fähigkeit in ihren Schriften so dokumentiert wie Piaget und seine Mitarbeiterinnen und Mitarbeiter.

Von Messen kann man sprechen, ohne den Begriff allzuweit dehnen zu müssen, denn Piaget misst zumindest, ob das Kind wiederholt zur richtigen Lösung kommt, erhebt also, in der Terminologie der modernen experimentellen Psychologie, Fehlerdaten.[7]

Die Ergebnisse berichtet Piaget auf recht idiosynkratische Weise. Er fasst sie zu Stufen und umfassenden Gesamtstrukturen zusammen und illustriert diese durch Verhaltensweisen und Erklärungen einzelner Kinder. Im Zentrum steht die jeweilige Denkstruktur. In den frühen Untersuchungen verzichtet Piaget selbst auf Angaben dazu, wie viele Kinder einer Altergruppe auf einer der Stufen sind, sowie auf Berechnungen des Durchschnittsalters. Das heißt, dass Alterstrends bzw. Entwicklungen nicht nachgewiesen werden. Nachdem Piaget in Amerika bekannt wurde und seine Methoden dort auf erheblichen Widerstand stießen, begannen er und Bärbel Inhelder, Zahlenmaterial zu ihren Untersuchungen zu liefern und sich damit den psychologischen Konventionen anzunähern. Es ist den Berichten aber anzumerken, dass sie diese Darstellung nicht für einen entscheidenden Erkenntnisgewinn halten, und darin ist ihnen zuzustimmen. Der entscheidende Aspekt ihrer Methode ist, wie bereits erwähnt und unten noch weiter auszuführen, der strukturanalytische.

Ergänzt werden sollte, dass Piaget auch außerhalb der Entwicklungspsychologie empirisch arbeitet. Zur Phylogenese des Menschen und in der Wissenschaftsgeschichte können zwar keine Experimente im engeren Sinne durchgeführt werden – es sei denn, Natur oder Geschichte stellten spontane Variationen zur

Verfügung –, jedoch kann das Experiment hier durch die rechnerische Vorhersage und Analyse von Messdaten ersetzt werden. Die experimentelle Ausrichtung der genetischen Epistemologie wird damit weder eingeschränkt noch in Frage gestellt.[8]

Dass Piaget sein Vorgehen stets dezidiert als experimentell gekennzeichnet hat, drängt eine zweite wichtige Methode in den Hintergrund: die *Formalisierung*. In der Tat sind die beiden Methoden für Piaget eng miteinander verbunden. Allerdings wandte er formale Verfahren in seinem Frühwerk, in dem er das Weltbild des Kindes anhand klinischer Gespräche beschrieb, nicht an. Die ›formale Wende‹ hat er erst um 1940 vollzogen. (Aebli 1978, S. 604)

Die formale Methode geht auf Piagets Annahme zurück, jedes Verhalten sei durch ein ihm zugrunde liegendes Schema oder eine Struktur gekennzeichnet. Sobald diese Schemata eine gewisse Komplexität erreichen, kann man sie in formalen Begriffen von Mathematik und Logik darstellen. Hier wird auch das eigentliche Ziel von Piagets Experimenten klar: Es geht darum, die geistigen Strukturen des Kindes aus seinem Handeln und seinen Aussagen zu abstrahieren, formal zu beschreiben und die logische Hierarchie der dem Verhalten zugrunde liegenden Strukturen aufzudecken.

Im obigen Beispiel der Reihenbildung liegt dem Verhalten des – systematisch an die Aufgabe herangehenden und sie erfolgreich lösenden – Kindes eine mathematische Ordnungsstruktur zugrunde. Die Elemente dieser Struktur sind durch eine asymmetrische Relation verknüpft, die Beziehungen »länger als« und »kürzer als«. Diese Beziehungen sind reziprok: Ist Element A kleiner als B, so ist notwendigerweise B größer als A. Zudem gelten für diese Ordnungsstruktur bestimmte Gesetze, beispielsweise das Transitivitätsgesetz: Ist A kleiner als B und B seinerseits kleiner als C, gilt auch, dass A kleiner ist als C. Verfügen die Kinder über eine solche Ordnungsstruktur, begründen sie ihre Lösung der Aufgabe oft mit einer sprachlichen Formulierung dieses Gesetzes der Transitivität (das jeweils herausgesuchte kleinste Stäbchen des zu sortierenden Haufens ist zugleich größer als alle bereits in die Reihe gelegten Stäbe). Fragt man hingegen Kinder einer früheren Stufe der Entwicklung nach dem Verhältnis von A und C, nachdem man ihnen nacheinander die Paare A < B sowie B < C gezeigt hat und sie die Größenunterschiede innerhalb jedes Paares erkannt haben, können sie nichts zum Verhältnis von A und C sagen und führen zur Begründung an, sie hätten die beiden Stäbe nicht gemeinsam gesehen. Versteht das Kind die Transitivität, weil es eine geschlossene Ordnungsstruktur ausgebildet hat, so ist ein solcher direkter Vergleich nicht mehr nötig; das Verhältnis von A und C ergibt sich vielmehr mit zwingender Notwendigkeit.

Neben mathematisch-logischen Modellen hat Piaget in seinen späteren Arbeiten auch dynamische Modelle der Kybernetik zur Formalisierung der Fähigkeiten des Kindes genutzt. Hierbei stehen Selbststeuerungsmechanismen im Vordergrund, und zwar sowohl Mechanismen, durch die eine Struktur oder ein System sich ins Gleichgewicht bringt und dieses aufrechterhält, als auch Transformationsmechanismen, die bei der Verwandlung einer Struktur in ein umfassenderes und höheres System eine Rolle spielen. Solche Mechanismen können für die Erklärung der Genese von Intelligenz und Erkennen genutzt werden. Der Großteil der Formalisierungen in Piagets Werk entfällt jedoch auf die logisch-mathematischen Modelle.[9]

Formale Modelle kann der Psychologe nicht allein oder zumindest nicht als Psychologe erstellen. Aber auch Mathematiker sind hierfür nur bedingt vorbereitet, da die Strukturen der Entwicklung in mathematischer Hinsicht unvollkommen und nutzlos sind. So hat Piaget eine interdisziplinäre Zusammenarbeit von

Psychologen und Mathematikern oder auch – etwa bei der Untersuchung der Genese physikalischer Begriffe – Psychologen und Physikern gefördert und in einem Umfang verwirklicht, der in der Wissenschaft des 20. Jahrhunderts seinesgleichen sucht.

Piagets erfüllt die Forderung nach wissenschaftlicher Strenge der Mathematisierung, indem er mathematisch-logische Modelle der Verhaltensweisen und Fähigkeiten des Kindes vorlegt. Diese Form der Mathematisierung ersetzt die in der Psychologie üblichere mathematische Methode des Messens; sie ist methodologisch ausgesprochen originell und bis heute in der Psychologie nicht ausreichend gewürdigt.

Im Bereich des Experimentes ist dies etwas anders. Piagets Frühwerk zum Weltverständnis des Kindes wurde vor allem von amerikanischen Psychologen, die in den zwanziger bis fünfziger Jahren »in den heiligen Tempeln des Behaviorismus und der Psychometrie ausgebildet wurden« (Mackay 1978, S. 137), heftig kritisiert. Auch Objektivität und Verlässlichkeit der späteren Methoden wurden wiederholt bezweifelt. Im Einzelnen ist dies oft berechtigt. So lassen Piagets Daten viel Interpretationsspielraum. Liest man die Protokolle von Gesprächen in seinen Büchern genau, kann man sich oft des Eindrucks nicht erwehren, dass die Versuchsleiter interessante Aspekte in den Erklärungen des Kindes übersehen, die nicht zu ihren Vermutungen passen. Auf diesen Punkt komme ich in Abschnitt sechs zurück.

Piagets Methoden müssen also als ein erster Ansatz zur Erforschung des kindlichen Denkens angesehen werden. In den letzten Jahrzehnten sind zahlreiche experimentelle Verfahren entwickelt worden, mit denen man selbst mit Säuglingen experimentieren kann. Wie stark und schnell ein Säugling an einem Schnuller saugt oder wie lange er einen Gegenstand anblickt, lässt sich als Hinweis auf seine Aufmerksamkeit verstehen. Gegenstände, die das Kind als neu erfährt, bewirken intensives

Saugen oder Ansehen, bekannte Gegenstände lösen kein oder wenig Saugen aus. Wird den Säuglingen ein Gegenstand so lange gezeigt, bis das Saugen langsam und schwach wird, und tauscht man den Gegenstand dann gegen einen anderen aus, kann man feststellen, ob das Kind den Unterschied erkennt: Bleibt die Saugrate auf niedrigem Niveau, erfährt das Kind die beiden Gegenstände als gleich. Steigt sie wieder an, ist das ein Hinweis darauf, dass der Gegenstand für das Kind neu ist. Mit diesen Mitteln lässt sich untersuchen, über welche Kategorien Säuglinge verfügen, zum Beispiel ob sie Tiere von unbelebten Gegenständen unterscheiden können.

Noch eine abschließende Bemerkung: So sehr Piaget betont, dass die Psychologie und genetische Epistemologie auf Tatsachen aufbauen müssen, hat er kein naives Verständnis von Fakten. Eine Beobachtungstatsache ist für ihn eine Interpretation des Gegebenen, eine Anpassung an die Schemata und Begriffe des Wissenschaftlers. Diese Überzeugung speist sich direkt aus seiner Entwicklungspsychologie, der Beobachtung, dass Erfahrung und Erkenntnis sich in ihrer Genese tiefgreifend verändern und sowohl durch die Strukturen der Wirklichkeit als auch diejenigen des Erkennens selbst beeinflusst werden.

Die Stufen der Psychogenese

Piaget hat in der geistigen Entwicklung des Kindes vier Stufen identifiziert: die sensomotorische, die präoperationale, die konkretoperationale (manchmal werden die beiden Letzteren zu einer einzigen Stufe zusammengefasst) und die formaloperationale Stufe. Wenn diese im Folgenden kurz beschrieben werden, so liegt der Schwerpunkt auf solchen Fähigkeiten und Strukturen des Kindes, die für die erkenntnistheoretischen Ziele Piagets besonders bedeutsam sind. Allen anderen voran sind dies die Gegenstandsbegriffe. Piagets Entwicklungspsychologie lebt allerdings von ihrem deskriptiven Reichtum, der in einer zusammenfassenden Darstellung nicht zum Ausdruck kommen kann. Es lohnt sich, die eine oder andere Entwicklung in Piagets Schriften nachzulesen.[10]

Die sensomotorische Stufe

Die nachgeburtliche Entwicklung beginnt mit der sensomotorischen Stufe. Sie dauert bis zum Alter von 18 bis 24 Monaten. Mit der Bezeichnung »sensomotorisch« drückt Piaget aus, dass für dieses Alter Wahrnehmung (sensorische Fähigkeiten) und Bewegung (motorische Fähigkeiten) grundlegend und kennzeichnend sind. Etwa auf der Mitte dieser Stufe lässt sich erstmals intelligentes Verhalten beobachten.

Der Säugling macht auf der sensomotorischen Stufe enorme Entwicklungsschritte. Anfangs verfügt er über seine angeborene Reflexausstattung, hat kein Bewusstsein von sich selbst und unterscheidet nicht einmal zwischen sich und der Außenwelt. Er ist, so Piaget, völlig auf den eigenen Körper zentriert. Die Welt hat weder Beständigkeit noch objektive Eigenschaften. Sie besteht in einer fließenden Abfolge veränderlicher Erscheinungen. Erst während der sensomotorischen Entwicklung baut das Kleinkind die Vorstellung auf, dass Gegenstände und Raum unabhängig von ihm existieren. Es beginnt, zwischen sich und der Außenwelt zu unterscheiden, und versteht seinen Körper als ein Objekt unter anderen im äußeren Raum. Diese Vorstellungen nimmt der Säugling nicht von außen auf, sondern baut sie aktiv und eigentätig auf. Die Veränderungen im Selbst- und Weltverständnis sind so tiefgreifend, dass Piaget sie mit der kopernikanischen Wende, der Ablösung des geozentrischen durch das heliozentrische Weltbild, verglichen hat.

Die sensomotorische Phase unterteilt Piaget in sechs Stadien. Im ersten Stadium (erster Lebensmonat) werden *angeborene Reflexe geübt* (Saugreflex, Greifreflex, Suchreflex bei Berührung der Wange und weitere). Reflexe beschreibt Piaget – wie das Verhalten überhaupt – durch Schemata, also durch allgemeine Strukturen der Handlung, die sich auf verschiedene Situationen anwenden lassen. So liegt dem Saugen ein Saugschema zugrunde, welches die beteiligten Muskelbewegungen koordiniert. Neben dieser strukturellen Seite haben Schemata einen dynamischen oder motivationalen Aspekt: Sie neigen von sich aus zur Anwendung. Piaget nennt dies »funktionale« oder »reproduktive Assimilation«.[11] So übte eines seiner Kinder seinen Saugreflex, indem es ohne Hunger im Leeren saugte. Daneben hat Piaget verallgemeinernde Assimilationen (Anwendungen des Saugschemas auf neue Gegenstände wie Finger, Kissen und Spielzeug) und wiedererkennende Assimilationen beobachtet: Ist der Säugling hungrig, saugt er nicht oder nur kurz an den Fingern, jedoch sofort und intensiv an der Brustwarze. In einem sehr einfachen Sinne erkennt er die Brustwarze. In diesen frühesten Verhaltensweisen sind wichtige Funktionen der Intelligenz – Verallgemeinerung und Differenzierung – vorbereitet. Dies gilt, obwohl es sich hier noch nicht um Intelligenz im eigentlichen Sinne handelt.

Im zweiten Stadium (ein bis vier Monate) treten *elementare Gewohnheiten* auf, die Piaget »primäre Zirkulärreaktionen« nennt. Es sind dies auf den eigenen Körper gerichtete Gewohnheiten wie das Lutschen an Unterlippe oder Daumen. Sie werden zufällig entdeckt und aufgrund angenehmer Resultate beibehalten. Diese einfachen Gewohnheiten bauen auf Reflexen auf und integrieren diese. Das Daumenlutschen beruht beispielsweise auf dem Saugschema, verändert dieses aber.

Das dritte Stadium (vier bis acht Monate) bildet eine wichtige *Schwelle zur Intelligenz*. Es entstehen sekundäre, die Umwelt manipulierende Zirkulärreaktionen: Das Kind setzt Mittel ein, um bestimmte – zunächst zufällig entdeckte – Wirkungen zu wiederholen. So brachte eines von Piagets Kindern durch Strampeln, das zunächst Ausdruck von spontaner Freude war, am Verdeck seines Kinderwagens aufgehängte Puppen zum Schaukeln. Dies wurde im Laufe der folgenden Tage Ziel einer Zirkulärreaktion, und zwar der Gewohnheit, systematisch zu strampeln, um die Puppen oder anderes Spielzeug in Bewegung zu setzen. (Vgl. EIK, S. 163 ff.)

Sekundäre Zirkulärreaktionen richten sich auf äußere Objekte, weshalb man davon ausgehen kann, dass für das Kind eine von ihm unabhängige Außenwelt existiert. Dieser wird aber allem Anschein nach keine dauerhafte Existenz zugeschrieben. Zu Piagets verblüffendsten Beobachtungen gehört, dass die Kinder in dieser Phase nicht nach Gegenständen suchen, die eben noch ihr Interesse weckten und nun plötzlich verschwinden. Kennzeichnend für dieses Stadium ist fernerhin, dass sich nun Seh- und Greifschemata gegenseitig assimilieren: Der Säugling lernt, dem Blick mit der Hand oder der Hand mit dem Blick zu folgen, und damit erkennt er auch, dass Dinge zugleich ›sehbar‹ und ›greifbar‹ sein können.

Im vierten Stadium (achter bis zwölfter Monat) werden *sekundäre Verhaltensschemata in Mittel-Zweck-Beziehungen* gebracht. Bekannte Gewohnheiten werden auf neue Situationen angewandt, das Kind erkennt Anzeichen und beginnt, Gegenstände zu erforschen. Ein Kind, das ein Hindernis wegschiebt, nutzt das sekundäre Verhaltensschema des Schiebens, um eine andere Handlung ausführen zu können, etwa ein Spielzeug zu ergreifen. (Vgl. EIK, S. 222 f.) Zudem wenden die Kinder sekundäre Zirkulärreaktionen auf neue Gegenstände an, um diese zu erforschen. So beobachtete Piaget an seinem Sohn, wie dieser einen glatten Gegenstand zunächst einige Male aus Versehen, dann häufiger und absichtlich fallen ließ und dabei die Hände unterschiedlich hielt.[12] Hier zeigt sich Piaget zufolge echte praktische Intelligenz, da absichtlich bestimmte Mittel eingesetzt werden, um Ziele zu erreichen.[13]

Erwachendes Interesse für Neues kennzeichnet das fünfte Stadium (ein bis anderthalb Jahre). So ließ Piagets Sohn in dieser Phase systematisch verschiedene Gegenstände aus unterschiedlichen Armhaltungen fallen und interessierte sich für Bahn und Ort des Aufpralls. (Vgl. EIK, S. 272 f.) Er untersuchte Geräusche, die Gegenstände von sich gaben, wenn er in verschiedener Weise auf sie schlug. Solche von Piaget tertiär genannten Zirkulärreaktionen beruhen auf sekundären Gewohnheiten – hier Loslassen und Schlagen –, integrieren diese und variieren sie aktiv. Zudem erfindet das Kind nun neue Mittel durch Ausprobieren, etwa das Heranziehen erwünschter Gegenstände mithilfe einer Unterlage oder eines Stocks. Auch hierbei assimilieren sich verschiedene Verhaltensschemata gegenseitig – im Falle des Stocks beispielsweise ein zunächst probierendes Schlagen und Hin- und Herbewegen mit dem Ziel-Schema des Heranziehens. Damit werden auch die räumlichen Verhältnisse objektiviert: Das Kind, welches einen Gegenstand mit einer Unterlage zu sich heranzieht, versteht die Beziehungen »auf« und »unter«, zumindest auf der Ebene des Handelns. Kinder machen nun auch Umwege und Kehrtwendungen und bauen sich so ein praktisches Raumverständnis auf.

Das sechste Stadium schließlich (anderthalb bis zwei Jahre) stellt die *Vollendung der Sensomotorik* und den *beginnenden Übergang auf die folgende Stufe* dar. Es treten die ersten Einsichten auf. Piaget hatte seinem Sohn kaum Möglichkeiten gegeben, die oben geschilderte Verwendung eines Stocks zu erproben.

Erst als dieser sich in der sechsten Phase befand, gab Piaget ihm einen Stock und ein Stück Brot außerhalb seiner Reichweite. Er beobachtete, dass der Junge, nachdem er die Situation aufmerksam gemustert und nur ganz wenige misslungene Versuche unternommen hatte, plötzlich den Stock zum Heranziehen des Brotes benutzte. (Vgl. EIK, S. 337) Da ausprobierendes Kennenlernen hier keine Rolle gespielt hatte, schloss Piaget, dass das Kind das Problem durch Einsicht, eine geistige Kombination von Schemata, gelöst hatte. In diesen Einsichten kündigen sich die geistigen Vorstellungen an, welche für die folgende, präoperationale, Stufe prägend sind.

Piaget hat die skizzierte Entwicklung gemeinsam mit seiner Frau an seinen eigenen drei Kindern verfolgt. Von den vielen interessanten Bereichen, die er untersuchte, sei nun einer näher analysiert, und zwar das *Gegenstandsschema* oder, wie Piaget es nennt, die Vorstellung des *permanenten Objektes.* Kern dieses Konzepts ist es, dass Dinge auch dann existieren, wenn man nicht mit ihnen beschäftigt ist oder sie wahrnimmt – eine für Erwachsene und ältere Kinder völlig selbstverständliche Vorstellung, nicht aber für das Neugeborene.

Wie erwähnt, weist nach Piaget nichts am Verhalten des Neugeborenen darauf hin, dass es zwischen sich selbst und der Außenwelt unterscheidet, und es scheint auch keine Vorstellung davon zu haben, dass die Welt dauerhaft existiert. Alles besteht aus fließenden und veränderlichen Erscheinungen, und entsprechend wechselhaft ist sein Verhalten. Weder die Reflexe noch die ersten Gewohnheiten erfordern einen bleibenden Gegenstand, sie können auch ablaufen, wenn sie auf je aktuelle Erscheinungen angewandt (und bei deren Verschwinden abgebrochen) werden. Dies ist bei den sekundären Zirkulärreaktionen schon anders. Piaget hat beobachtet, dass sie nach Unterbrechungen wieder aufgenommen werden können, und schließt daraus, dass ihr Gegenstand ansatzweise dauerhaft ist. Das Überdauern reicht jedoch nicht über den Abschluss der Zirkulärreaktion hinaus.

Verhaltensweisen, welche trotz des völligen Verschwindens des Gegenstandes weitergeführt werden, oder aktives Suchen nach verschwundenen Gegenständen treten erst nach der beginnenden praktischen Intelligenz im vierten Stadium auf. Sie zeigen, dass das Konzept eines permanenten Gegenstandes nun existiert. Der entscheidende Schritt hierzu wird gemacht, wenn Seh- und Greifschemata miteinander koordiniert werden: Hierdurch verbinden sich die vorher isolierten Verhaltensweisen und bilden gemeinsame, objektive Bezugspunkte aus.

Noch hat dieses praktische Gegenstandsverständnis jedoch Einschränkungen. Das Suchen orientiert sich oft nicht an dem Ort, an dem ein Gegenstand verschwunden ist, sondern an erfolgreichen vorherigen Suchhandlungen, die einfach wiederholt werden. Hat ein Kind beispielsweise mehrmals einen Gegenstand unter einem Tuch (Ort A) gefunden und versteckt man diesen dann vor seinen Augen unter einem Teppich (Ort B), so wird es dennoch unter dem Tuch, dem Ort seiner anfänglichen Erfolge, suchen. Dieses auffällige Phänomen heißt »A-nicht-B-Fehler«.

Im fünften Stadium sucht das Kind Gegenstände dort, wo sie versteckt wurden. Trotzdem ist das Gegenstandverständnis noch nicht vollständig: Unsichtbare Verschiebungen des Gegenstandes im Versteck kann das Kind nicht nachvollziehen und berücksichtigt sie bei seinem Suchen nicht. Diese Beobachtung zeigt, dass Raum- und Gegenstandsverständnis eng zusammenhängen. Im sechsten Stadium, in dem ein praktisch vollendetes Raumkonzept aufgebaut wird, verschwinden alle prinzipiellen Beschränkungen beim Suchen.[14] – Ähnlich eng wie mit dem Raumverständnis ist das Konzept des permanenten Gegenstandes mit dem Begriff vom Ich verbunden. Die Konstruktion des Ich geht ebenfalls mit der aktiven Koordination von Schemata einher, durch die sich das Kind als Ursprung seiner Handlungen begreifen lernt. (Vgl. AgE, S. 35)

Das permanente Objekt bildet eine wichtige Grundlage, auf der Entwicklungen aufbauen, die schließlich zu den physikalischen und erkenntnistheoretischen Objektbegriffen führen, ist also eine entscheidende Substruktur der weiteren geistigen Entwicklung.[15] Allgemein liegt die Bedeutung der sensomotorischen Stufe darin, dass auf ihr alle wesentlichen Strukturen des Erkennens im Ansatz aufgebaut werden: ein Verständnis von Ich und Welt, von Objekten, Konzepte von Raum, Zeit und Kausalität sowie einfache logische Vorbegriffe von Klassen und Relationen. Dieser Aufbau wird, wie Piaget immer wieder betont hat, vom Kind aktiv geleistet.

Die sensomotorische Intelligenz trägt jedoch auch den Keim ihrer eigenen Überwindung in sich. So ist sie auf tatsächlich ausgeführte Handlungen angewiesen und auf eine praktische Wirklichkeit begrenzt. Erkenntnis im engeren, bewussten Sinne findet nicht statt. Sobald das Kind in der Lage ist, sich Wirklichkeit vorzustellen, kann es sich auch von den Grenzen des tatsächlichen Handelns und der praktischen Intelligenz befreien und diese überschreiten. Die Vorstellungen werden zum zentralen Merkmal der nun folgenden Stufen.

Trotz dieser Überwindung verliert die sensomotorische Intelligenz ihre Funktion nicht gänzlich. Einige ihrer Strukturen, vor allem das praktische Raumverständnis, bleiben das ganze Leben hindurch erhalten und werden Piaget zufolge für die Fortbewegung und andere motorische Handlungen von Erwachsenen genutzt.

Die präoperationale Stufe

Die Beschäftigung mit der präoperationalen Intelligenz (vier bis sieben Jahre) ist aus zwei Gründen schwierig. Zum einen versteht Piaget diese Phase teils als eigenständig, fasst sie in anderen Darstellungen aber mit der konkretoperationalen Phase zusammen. Zum anderen wird das Denken dieser Stufe in Piagets Früh- und Spätwerk in unterschiedlicher Weise untersucht und beschrieben. In den ersten Jahren seiner entwicklungspsychologischen Forschung befasste er sich mit inhaltlichen Aspekten des kindlichen Weltbildes, der Sprache, dem Verhältnis von Sprechen und Denken und der Moral. Diese Untersuchungen begründeten Piagets Ruhm und prägten für lange Jahre, wie er wahrgenommen wurde. Dennoch soll hier die spätere, struktural ausgerichtete Forschung im Mittelpunkt stehen, da sie in das Stufenmodell der kindlichen Intelligenz und vor allem in die Erkenntnistheorie Piagets eingegangen ist.

Mit der Bezeichnung »präoperational« bringt Piaget zum Ausdruck, dass es sich um eine vorbereitende Phase handelt, die, anders als die sensomotorische, die konkretoperationale und die formaloperationale Intelligenz, keine eigene Gleichgewichtsform ausbildet. Das auffälligste Merkmal dieser Phase ist das Auftreten der semiotischen Funktion, der Fähigkeit, etwas durch ein Symbol oder Zeichen zu repräsentieren. Sie hat sich bereits auf der sensomotorischen Stufe angedeutet. Zudem entwickelt das Kind nun Operationen – verinnerlichte Handlungen oder einfache Denkakte. Eine weitere Besonderheit ist negativer Art: Diese Operationen weisen ganz auffällige Defizite auf. Sie sind sehr störanfällig, durch wechselnde Erfolge und Misserfolge, ausgeprägte Inkonsistenzen und unsystematische Koordination gekennzeichnet.

Im Folgenden wird zunächst sehr kurz auf Piagets Frühwerk eingegangen. Danach werden der Erwerb der semiotischen Funktion und schließlich die beginnende operationale Intelligenz erläutert.

Die frühen Untersuchungen zum *Weltverständnis des Kindes* beruhen auf der klinischen Methode der Befragung und des Gesprächs mit dem Kind. (Vgl. hierzu WK) Piaget interessierte sich dafür, wie Kinder Ereignisse in ihrer Umwelt erklären – etwa, wie die Wolken sich bewegen, woher die Sonne kommt, was Träume und Schatten sind und Ähnliches. Er beobachtete, dass Vorschulkinder unbelebten Gegenständen Leben, Absichten und Bewusstsein zusprechen. Sie gehen davon aus, dass alle Dinge ursprünglich hergestellt worden sind. Viele Phänomene werden durch ihr Ziel oder ihren Zweck erklärt (»Die Sonne scheint, damit wir es hell haben«). Physisches und Psychisches sind für das Kind in demselben Sinne real.[16]

Kennzeichnend für diese Stufe ist Piaget zufolge der Egozentrismus oder die Zentrierung.[17] Vorschulkinder haben ihm zufolge große Schwierigkeiten, sich in den Standpunkt anderer Personen hineinzuversetzen, zum Beispiel zu verstehen, dass andere Personen andere Überzeugungen haben als sie selbst. Egozentrismus äußert sich auch in der kindlichen Sprache. Nichtkommunikatives Reden (Wiederholungen von Sätzen ohne kommunikative Absicht, Monologe und lautes Reden ohne Mitteilungsfunktion in der Gruppe) ist häufig. Kinder verwenden auch Pronomen und Demonstrativpronomen auf ihre eigene Perspektive zugeschnitten. Auch wenn Piaget sich für diese Themen später nicht mehr interessiert hat, so bleibt doch die Zentriertheit von Vorstellungen, Sprache und Handlungen des kleinen Kindes für ihn auch in den struktural ausgerichteten Untersuchungen von großer Bedeutung.

Die *semiotische Funktion* ist, wie erwähnt, die Fähigkeit, einen Gegenstand, einen Zustand oder ein Ereignis durch etwas anderes abzubilden. Hierbei finden sowohl mit dem Abgebildeten verwandte Symbole als auch konventionelle kollektive Zeichen oder Zeichensysteme Verwendung. Mit dieser Verinnerlichung geht die Intelligenz des Kindes langsam von der Handlung zum Denken über. Piaget interessiert sich nicht nur für das umfassendste und differenzierteste dieser Systeme, die Sprache, sondern hält innere Bilder, Gesten, Spiele, Zeichnungen und Vergleichbares für ähnlich bedeutsam.

Das symbolische Spiel etwa geht entscheidend über die spielähnliche Wiederholung von Handlungen auf der sensomotorischen Stufe hinaus. Es ist dadurch gekennzeichnet, dass das Kind »so tut, als ob ...«. Solche Verhaltensweisen haben Piaget zufolge neben einer ausgleichenden emotionalen Wirkung die Funktion, Ereignisse durch spielerische Wiederholung kennen zu lernen. Allerdings ist das Symbolspiel durch ein hohes Maß an Assimilation, also aktiver Organisation der Situation und Anpassung der Wirklichkeit an die dem Kind zur Verfügung stehenden Handlungsschemata, gekennzeichnet.

Das innere Bild oder die Vorstellung versteht Piaget ebenfalls als aktive Leistung des Kindes und nicht als eine passive geistige Abbildung. Die Wirklichkeit wird mithilfe der dem Kind zur Verfügung stehenden Handlungsschemata konstruiert. Dies führt dazu, dass das Kind nicht in der Lage ist, alle Aspekte von Gegenständen innerlich zu repräsentieren. Kennzeichnend für die präoperationale Phase ist, dass es im Wesentlichen Objekte und Zustände, also statische Aspekte, kaum aber Relationen oder Transformationen, also dynamische Gegebenheiten, verinnerlichen kann. So kann es zwar vorhersagen, wie ein senkrecht gehaltener Stab zu liegen kommt, wenn man ihn fallen lässt, kann aber die während des Fallens eingenommenen geneigten Lagen des Stocks weder zeichnen noch als richtig erkennen, wenn sie ihm auf einer Zeichnung dargeboten werden.

Ein wichtiges Merkmal der präoperationalen Sprache, ihr Egozentrismus, wurde oben bereits geschildert. In seinen späteren Untersuchungen hat Piaget sich vor allem mit der Frage beschäftigt, ob die Sprache dem Denken und den Erkenntnisfähigkeiten vorausgeht und diese bestimmt oder ob sie umgekehrt von diesen abhängig ist. Anders als ein Großteil der zeitgenössischen Psychologen ist Piaget aufgrund einiger Experimente zu der Ansicht gekommen, dass die sprachlichen Fähigkeiten nicht die Ursache, sondern der Ausdruck oder das Resultat der geistigen Entwicklung sind und erst spät in der Entwicklung zu deren Voranschreiten beitragen können. So lassen sich die logischen Fähigkeiten von Kindern durch ein entsprechendes Sprachtraining nur unwesentlich verbessern, während umgekehrt das Sprachniveau sehr genau die jeweilige Intelligenzstruktur, deren Grenzen und Entwicklung wiedergibt. Das Hauptargument in dieser Frage ist für Piaget jedoch, dass das Kind schon lange vor dem Spracherwerb zu intelligenten Handlungen in der Lage ist und ihm also eine nichtsprachliche Logik der Handlungen und Handlungskoordinationen zugeschrieben werden muss.

Innerhalb der präoperationalen Stufe unterscheidet Piaget zwei Stadien, das vorbegriffliche oder symbolische und das anschauliche Denken.

In der Phase des *symbolischen Denkens* (zwei bis vier Jahre) erwirbt das Kind die Fähigkeit, einzelne Schemata innerlich zu repräsentieren, wobei es im Wesentlichen individuelle Symbole und selten kollektive Zeichen verwendet. Zwei typische elementare Fähigkeiten dieses Stadiums sollen im Folgenden anhand von Piagets Beobachtungen an seinen Kindern verdeutlicht werden. Sie zeigen auf sehr anschauliche Weise, welchen Beschränkungen das symbolische Denken unterliegt.

In diesem Alter bildet das Kind noch keine Allgemeinbegriffe aus, sondern Bezeichnungen, die, so Piaget, zwischen dem Allgemeinen und dem Besonderen stehen. Folgende Beobachtung machte Piaget an einer seiner Töchter: »mit 2;4 (28) betrachtet Lucienne ein früheres Foto von Jacqueline [ihrer älteren Schwester]: wer ist das? – Das ist Jacqueline, als sie noch klein war. – Nein, das ist sie nicht. – Das ist nicht Jacqueline, als sie klein war? – Doch, als sie Lucienne war.« (NST, S. 286) Lucienne unterscheidet nicht zwischen dem Namen und dem Begriff. Was hier mit dem Gebrauch des Wortes »Lucienne« zum Ausdruck kommt, nennt Piaget einen Vorbegriff.

Die ersten logischen Fähigkeiten des Kindes kommen in der sogenannten Transduktion, dem Schluss vom Einzelfall auf den Einzelfall[18], zum Ausdruck. »Mit 2;10 (8) hat Jacqueline Fieber und verlangt Orangen, aber die neue Ernte ist noch nicht zu haben, und man versucht ihr klarzumachen, daß die Orangen noch nicht reif seien: ›sie sind noch grün, man kann sie noch nicht essen. Sie haben noch nicht diese schöne gelbe Farbe‹ (Jacqueline kennt nur dieses Wort, um deren Farbe zu bezeichnen). Jacqueline scheint zunächst zu resignieren, aber einen Augenblick später, während sie Kamillentee trinkt, sagt sie: ›Die Kamillen sind nicht grün, sie sind schon gelb, gib mir Orangen!‹ Man sieht, worin hier der Schluß besteht: Wenn die Kamillen schon gelb sind, können die Orangen es auch gut sein.« (NST, S. 293 f.) Diese Schlussweise, ungültig der Form nach, jedoch ein Schluss, zählt Piaget zur Prälogik, ebenso wie die starke Bindung päroperationaler Kinder ans Anschauliche und ihre egozentrischen Denkweisen.

Im zweiten Stadium der präoperationalen Stufe, dem des *anschaulichen Denkens* (viertes bis siebtes Lebensjahr) tritt, verglichen mit dem in den obigen Beispielen deutlich gewordenen stark auf einzelne Aspekte zentrierten Verhalten, eine Dezentrierung ein, wie wir sie auch schon bei der Beschreibung der zweiten Hälfte der sensomotorischen Stufe kennen gelernt haben. Auch hier liegt dieser Entwicklung eine Koordinationsleistung zugrunde. Die bereits erworbenen Vorstellungen werden stärker untereinander verknüpft, dabei in logische Beziehungen zueinander gebracht und verbegrifflicht. Als »anschaulich« bezeichnet Piaget das Denken dieser Phase, weil es sich trotz dieser logischen Möglichkeiten stark am Anschaulichen orientiert, ähnlich wie das sensomotorische Verhalten sich auf das Wahrgenommene bezog. Dies führt zu interessanten Überzeugungen und Verhaltensweisen.

Zeigt man dem Kind dieses Alters zwei gleich große Tonkugeln, so wird es die Identität ihrer Tonmenge im Allgemeinen anerkennen. Verformt man nun die eine Kugel zu einer Rolle, so wird es behaupten, sie enthalte nun eine andere Menge Ton. Diese Antwort kommt Piaget zufolge durch die Bindung ans Anschauliche (den veränderten Durchmesser oder die veränderte Länge der Tonrolle) zustande. Dieser »Bann« des Wahrnehmbaren oder der Erscheinung ist sehr charakteristisch für das anschauliche Denken.

Wenden wir uns nun dem Gegenstandsverständnis zu. Eine der wesentlichen Leistungen auf der sensomotorischen Stufe war, dass das Konzept des permanenten Objektes gebildet werden konnte – Gegenstände außerhalb des eigenen Wahrnehmungs- und Handlungsbereichs haben trotz ihrer vorübergehenden Abwesenheit eine dauerhafte Existenz. Dies heißt aber nicht, dass das Kind auch versteht, dass Eigenschaften des Gegenstands ähnlich invariant sind wie dieser selbst.

Das entscheidende Experiment zu diesem Problem wurde oben bereits beschrieben. Es zeigt, dass das Kind die Identität einer Menge bei bestimmten wahrgenommenen Veränderungen nicht anerkennt, obwohl es sieht, dass der Gegenstand derselbe geblieben ist, also nicht behauptet, der Ton selbst würde durch das Verformen ein anderer. Beim Vergleich der Rolle mit der Kugel behauptet es entweder, diese enthalte weniger Ton, weil sie dünner sei, oder mehr, weil sie länger sei. Sein Urteil behält es auch dann bei, wenn man die Rolle vor seinen Augen wieder zu einer Kugel formt, deren Gleichheit mit der zweiten Kugel es sofort anerkennt. Das Kind in der präoperationalen Phase beschränkt sich also erstens auf ein einziges anschauliches Merkmal – Durchmesser oder Länge – und lässt zweitens bei seinen Überlegungen die Transformation, das Umformen außer Betracht. Diese beiden Aspekte – Abbilden einzelner Merkmale anstelle von Relationen und Ganzheiten sowie die Unfähigkeit, sich Transformationen vorzustellen – sind nach Piaget typisch für das präoperationale Denken und sein Gegenstands- und Wirklichkeitsverständnis.

Etwas ältere Kinder, deren Vorstellungen untereinander zunehmend koordiniert werden, sehen übrigens die Gleichheit der Menge ein, solange die Formunterschiede zwischen Rolle und Kugel nicht zu groß sind, geben aber wieder die oben beschriebenen Antworten, sobald die Rolle sehr lang und dünn wird. Die latente logisch konsistente Antwort, die das Kind geben kann, wird hier, so Piagets Erklärung, von anschaulichen Auffälligkeiten unterdrückt, und das Kind gerät wieder in den Bann des anschaulich Wahrnehmbaren.[19]

Im Bereich des Objektverständnisses stellt das präoperationale Denken also eine Zwischenstufe dar. Die Permanenz des Gegenstandes und seine qualitative Identität werden trotz wahrnehmbarer Veränderungen anerkannt. Die quantitative Erhaltung wird jedoch nur unter bestimmten, anschaulich erleichternden Bedingungen erkannt.

Auch die präoperationale Entwicklung ist ein konstruktiver, aktiver und integrierender Prozess, in welchem das Kind – vor allem mithilfe der semiotischen Funktion – neue, verinnerlichte Handlungsschemata aufbaut und so ein neues, verändertes und erweitertes, Weltbild erwirbt. Trotz seiner neuen Möglichkeiten steht das präoperationale Denken jedoch auch in einem ununterbrochenen Zusammenhang mit der sensomotorischen Phase, indem es auf den hier erworbenen Konzepten aufbaut, und es entwickelt sich in kontinuierlichen und graduellen Schritten.

Die Grenzen der präoperationalen Intelligenz haben wir zum großen Teil bereits kennen gelernt. Sie ist dem Anschaulichen verhaftet, und es gelingt ihr weder, Transformationen zu repräsentieren, noch wahrgenommene Veränderungen in der Vorstellung umzukehren. Die Fähigkeiten des präoperationalen Kindes sind zudem unausgeglichen und in höherem Maß als auf anderen Stufen widersprüchlich. Dennoch lassen sich erste »Korrekturen am Anschaulichen« oder Regulierungen ausmachen, etwa wenn das Kind trotz gewisser wahrnehmbarer Formveränderungen einer Tonkugel die Identität ihrer Substanz behauptet. Diese Ausgleichsmechanismen sind es auch, die das präoperationale Denken über sich selbst hinaustreiben und den Keim seiner Überwindung in einer höheren, gleichgewichtigeren und in sich konsistenteren Struktur bilden.

Die konkretoperationale Stufe

Das konkretoperationale Denken (achtes bis zwölftes Lebensjahr) bildet die dritte Stufe des Übergangs der Intelligenz von der Handlung zum Denken. Es setzt die Entwicklung zur Verinnerlichung fort, welche mit dem Auftreten der semiotischen Funktion begann. Das Kind kann nun immer komplexere Aspekte der äußeren Wirklichkeit und des eigenen Handelns denkend vorstellen und verstehen. Zudem werden die stark auf den eigenen Standpunkt bezogenen Vorstellungen der präoperationalen Phase weiter dezentriert. Wichtig ist aber vor allem, dass eine erste systematische Struktur im Denken entsteht.

Das konkretoperationale Denken hat eine eigene Gleichgewichtsform, so dass sich zahlreiche Fähigkeiten auf ähnliche Weise ordnen. Die Widersprüche der vorangegangenen Stufe werden zunehmend ausgeglichen. Piaget hat vor allem das Verständnis mathematischer und logischer Begriffe, des Raums und der Zeit, der Kausalität und des Zufalls sowie weiterer physikalischer Grundbegriffe untersucht. Stärker als die sensomotorische und präoperationale Intelligenz betrachtet er das Denken dieser Phase in Bezug auf seine Funktion bei der Konstitution wissenschaftlichen Erkennens.

Im Folgenden werden zunächst die Grundbegriffe, auf denen Piaget seine Analyse der konkretoperationalen Intelligenz aufbaut, erläutert. Wie ihre Bezeichnung andeutet, beruht das Denken dieser Stufe auf konkreten Operationen. Unter *Operationen* versteht Piaget verinnerlichte Handlungen, die nicht tatsächlich durchgeführt werden müssen, sondern denkend vollzogen werden können, und die sich auf Transformationen und Relationen, also dynamische und komplexe Aspekte der Wirklichkeit beziehen.

Ein wesentlicher Aspekt dieser Operationen ist, dass sie nicht einzeln auftreten, sondern als Koordination verschiedener Handlungen in Systemen. So umfasst das Berechnen einer Aufgabe wie 7+5 6, die Grundschulkinder lösen können, die Handlungen Verbinden, Trennen, Gleichsetzen und Zählen, das wiederum aus verschiedenen Handlungen (Ordnen, Mächtigkeiten bestimmen) zusammengesetzt ist. In dieser Aufgabe müssen also verschiedene Operationen koordiniert werden.

Mit diesem systematisierten Charakter der konkreten Operationen hängen zwei weitere Aspekte zusammen: Operationen können rückgängig gemacht werden – diesen Aspekt, auf den unten ausführlicher eingegangen wird, nennt Piaget ihre Reversibilität –, und sie setzen Invarianten voraus. Invarianten sind beständige Elemente oder Eigenschaften, welche während der Transformationen erhalten bleiben. Die physikalischen Erhaltungsbegriffe von Substanz, Gewicht und Volumen werden auf dieser Stufe der Entwicklung erworben und sind eines ihrer wichtigsten Kennzeichen. Auch der Begriff der natürlichen Zahl, den Kinder dieses Alters bilden, ist ein solcher Erhaltungsbegriff.

Innerhalb der verinnerlichten Handlungen unterscheidet Piaget zwischen *formalen* und *konkreten Operationen.* Konkrete Operationen beziehen sich auf verinnerlichte oder auch wahrgenommene Objekte, Eigenschaften und Relationen, formale hingegen auf Aussagen, Sätze, Vermutungen oder Hypothesen. Ein Beispiel für den Unterschied zwischen formalen und konkreten Operationen findet sich in typischen Intelligenztest-Aufgaben. Die auf Seite 16 erwähnte Vergleichsaufgabe (Edith ist blonder als Susanne und dunkelhaariger als Lili – welche ist die dunkelhaarigste) erfordert ein formales Vorgehen (vgl. PI, S. 168). Bis zum Alter von etwa zwölf Jahren können Kinder dieses Problem nicht lösen. Bilder der drei Mädchen reihen jedoch schon siebenjährige Kinder richtig auf.

Wie erwähnt sind die konkreten Operationen durch *Reversibilität* gekennzeichnet: Sie können systematisch umgekehrt werden. Piaget hebt zwei Hauptformen von Reversibilität hervor: Inversion und Reziprozität. Die Bewegung einer Schnecke auf einem Brett beispielsweise lässt sich durch zwei Operationen umkehren. Entweder dreht man die Schnecke um und lässt sie den zurückgelegten Weg in umgekehrter Richtung kriechen (inverse Bewegung), oder aber man bewegt das Brett mit der Schnecke entsprechend so, dass sie sich wieder über ihrem Ausgangspunkt befindet (reziproke Bewegung). Nicht die Bewegung der

Schnecke wird hier umgekehrt, sondern die Bewegungen der beiden Systeme werden miteinander kombiniert. Auf der konkretoperationalen Stufe verfügt das Kind über beide Reversibilitätsformen, erkennt aber ihr Verhältnis nicht.

Die Fähigkeit zur Umkehrung entwickelt sich sehr langsam. Sensomotorische Gewohnheiten sind irreversibel, denn die Umkehrung einer Gewohnheit bildet in der Regel eine neue Handlung. Einen Gegenstand loszulassen kehrt die Greifbewegung nicht um. Im Gegensatz dazu sind die in der praktischen Bewegungsgruppe organisierten Handlungen reversibel. Das zeigen die Um- und Rückwege, die das zweijährige Kind machen kann. Die verinnerlichten Handlungen, welche die präoperationale Stufe kennzeichnen, sind wieder weitgehend irreversibel. Wäre das Kind in dem oben beschriebenen Versuch mit den Tonkugeln in der Lage, sich die Rückverwandlung der Rolle in eine Kugel vorzustellen, so würde es vermutlich nicht behaupten, die beiden Gegenstände enthielten unterschiedliche Mengen Ton. Die Reversibilität der Vorstellung, die hierfür notwendig wäre, wird auf der konkretoperationalen Stufe aufgebaut.

Der Begriff der Reversibilität ist für Piagets Epistemologie zentral. Er ist eng verbunden mit dem Prinzip des Gleichgewichts, der Bildung einer sich selbst regulierenden Struktur, welche die einzelnen Operationen so koordiniert, dass sie störungsresistent werden. Wie bei der Diskussion des präoperationalen Denkens deutlich geworden ist, ist für Piaget hierbei vor allem die Widerstandsfähigkeit des Kindes gegen irreführende Einflüsse der Anschauung wichtig. Es muss lernen, sich nicht von der Länge der Tonrolle zu der Annahme verleiten zu lassen, sie enthalte eine größere Menge Ton. Die oft plötzliche Herstellung von Gleichgewichten mit ihrer Unabhängigkeit von der anschaulichen Wirklichkeit und gleichzeitigem Verstehen der Reversibilität ist ein wichtiges Merkmal der konkretoperationalen

Stufe. Wenn »man zum Beispiel Elemente in einer Reihe aus zehn Spielmarken auseinanderschiebt, glaubt ein Kind im Alter von fünf bis sechs Jahren, es seien mehr geworden, schiebt man sie enger zusammen, glaubt es, es seien weniger geworden – weil es noch nicht über die Reversibilität verfügt und die räumliche Konfiguration [...] für es dominant ist« (WI, S. 137). Die Erhaltung der Zahl ist hier – übrigens unabhängig davon, ob das Kind in der Lage ist, verbal abzuzählen – der wahrgenommenen Länge der Reihe, dem anschaulichen Schein, unterlegen. Fortschreitende Äquilibrationen beim Übergang auf die konkret-operationale Stufe führen nun aber dazu, »daß das Kind in einem bestimmten Augenblick (und dieser ereignet sich manchmal unter den Augen des Versuchsleiters) angesichts einer Trennung von 10 in 4 und 6 zum Beispiel sagt: ›Das sind mehr, ach nein, Sie haben sie nur getrennt und man kann sie wieder zusammenfügen, das ist dasselbe, das muß dasselbe sein, weil es genausoviel sind wie vorher usw.‹ Kurz, in der Regel wird die Reversibilität und die mit ihr verbundene Notwendigkeit plötzlich begriffen.« (WI, S. 138)

Ein anderes schönes Beispiel stammt aus Erhaltungsversuchen zum Wasserspiegel. Hier wird dem Kind zunächst eine aufrecht stehende Flasche mit gefülltem Wasser gezeigt. Kann es den Wasserspiegel parallel zum Flaschenboden zeichnen, wird ihm danach eine leere Flasche in nicht aufrechter Haltung gezeigt, und es soll den Wasserspiegel einzeichnen. Bis weit in die konkretoperationale Phase hinein machen Kinder vielfältige Fehler. Zunächst zeichnen sie den Wasserspiegel stets parallel zum Flaschenboden. Später haben sie vor allem bei umgekehrter oder geneigter Lage der Flasche Schwierigkeiten. Eine spätere Studie, die die Herstellung eines störungsresistenten Gleichgewichtes besonders gut illustriert, berichtet von einem Kind, das die Erhaltung des Wasserspiegels plötzlich einsah: »O nein! Ich dachte, daß das Wasser sich in der Flasche bewegt, aber es ist die Flasche, die sich um das Wasser herumbewegt!«[20]

Piaget hat die Struktur des konkretoperationalen Denkens als ›Gruppierung‹ beschrieben. Dies ist eine formale Struktur ähnlich dem mathematischen Gruppenbegriff, und Piaget unterstreicht hiermit, dass das konkretoperationale Denken eine echte – wenn auch eingeschränkte – Logik hat, die als Vorläufer mathematischer Strukturen angesehen werden kann.[21] Das Gruppierungskonzept war allerdings Gegenstand heftiger Kritik und Auseinandersetzungen auch von mathematischer Seite und hat sich nicht durchgesetzt.

Noch eine weitere Funktion des konkretoperationalen Denkens verdient Berücksichtigung, die *Dezentrierung der Vorstellungen.* In der sensomotorischen Phase trat eine entscheidende Dezentrierung auf, als das Kind seinen Körper als ein Objekt unter anderen in den Raum einordnete. Eine ähnliche Entwicklung findet nun auf der Ebene der Vorstellung statt.

Kinder der präoperationalen Stufe verfügen zwar mit der praktischen Bewegungsgruppe über ein durch Reversibilität ausgezeichnetes Konzept des objektiven Raums, können dies jedoch nicht auf der Ebene der Vorstellung wiedergeben. So können sie beispielsweise Anordnungen mehrerer Gegenstände aus der Perspektive einer ihnen gegenübersitzenden Person weder zeichnen noch beschreiben. Oft verstehen sie nicht einmal, dass diese sich für den anderen anders darstellen.

Piaget hat dies in der berühmten Drei-Berge-Aufgabe untersucht. Hier sitzt das Kind vor einer Modell-Landschaft mit drei deutlich verschiedenen Bergen. Eine Puppe wird an eine der anderen Seiten der Landschaft gesetzt. Die Kinder sollen zum Beispiel aus zehn Bildern, die verschiedene Ansichten der Landschaft zeigen, jenes auswählen, das der Sicht der Puppe entspricht. Das zentrale Ergebnis ist, dass Kinder bis zum Alter von sieben oder acht Jahren überwiegend das Bild wählen, das ihrem eigenen Blick auf die Berge entspricht. Gegen Ende der präoperationalen Stufe versuchen sie bereits, zwischen den Perspektiven zu differenzieren, wählen aber dennoch die egozentrische Lösung. Das Kind auf der präoperationalen Stufe ist »aufs engste an seinen eigenen Blickwinkel gebunden und unfähig, sich irgendeine andere Perspektive als die seinige vorzustellen [...]« (Piaget und Inhelder 1975, S. 285). Ab acht Jahren versteht es die Perspektivität im Prinzip, macht aber noch spezielle Fehler, kehrt also zum Beispiel bei einer ihm gegenübersitzenden Puppe nur die Dimension rechts/links, aber nicht die Dimension vorne/hinten um. Ab etwa neun Jahren wird das euklidische Bezugssystem dann sicher verwendet. So versteht das Kind jetzt etwa, dass ein Baum, der sich auf dem Hinweg zur Schule auf der rechten Seite befindet, auf dem Rückweg auf der linken Seite auftauchen wird. Auch am Beispiel der Tonkugel lässt sich dieses »Auftauen der anschaulichen Strukturen« (PI, S. 157 f.) beobachten: Das Kind löst sich von der Zentrierung auf einen der wahrgenommenen Aspekte (Länge oder Dicke) zugunsten einer operativen Beziehung.

Piaget hat die grundsätzlichen Eigenschaften des konkretoperationalen Denkens – Operativität, Reversibilität und Gleichgewicht, Dezentrierung der Vorstellungen – in vielen verschiedenen Bereichen intensiv und detailliert untersucht. Im Folgenden gehe ich auf den *Gegenstandsbegriff* ein.[22] Auf der konkretoperationalen Stufe erwirbt das Kind Erhaltungsbegriffe, welche an die Begriffe des permanenten Gegenstands und der qualitativen Identität anschließen und diese in höhere operative Strukturen integrieren.

Auf der präoperationalen Stufe erkennt das Kind die Substanzerhaltung der verformten Tonkugel zunächst gar nicht und später nur unter der Bedingung an, dass die Form sich nur wenig ändert. Mit sieben oder acht Jahren ändert sich dies. Das Kind ist nun überzeugt, die Menge sei dieselbe. Als Gründe führt es an, der Ton sei derselbe, sehe nur anders aus (qualitative Identität), man könne wieder eine Kugel daraus formen (Negation der Operation) und, ganz entscheidend, die Rolle sei zwar länger, zugleich jedoch auch dünner (Reziprozität zweier Eigenschaften). Diese Aspekte waren dem Kind der präoperationalen Phase nicht verborgen – es konnte zum Beispiel sehen, wie die Rolle wieder zu einer Kugel geknetet wurde –, jedoch konnte es sie nicht untereinander in eine systematische Beziehung bringen.

Etwa im zehnten und zwölften Lebensjahr werden zwei weitere physikalische Erhaltungsbegriffe aufgebaut, und zwar die Erhaltung von Gewicht und Volumen. Die experimentelle Anordnung, mit der Piaget diese beiden Phänomene studiert hat, ist der bereits geschilderten sehr ähnlich. Im Fall der Gewichtserhaltung werden die beiden Tonobjekte auf eine Balkenwaage gelegt, und man bittet das Kind vorherzusagen, wie sich diese Waage verhalten wird. Bei der Volumenerhaltung werden die Tongebilde in mit Wasser gefüllte Gläser gelegt, wobei das Kind vorhersagen soll, wie die Wasserspiegel ansteigen werden. Obwohl beide Erhaltungsbegriffe nach der Mengenerhaltung erworben werden, werden sie mit denselben Argumenten begründet – der Reziprozität der Dimensionen und dem Rückgängigmachen der Verformung. Diese so genannte horizontale Verschiebung – zeitlich verzögerter Aufbau einer strukturell ähnlichen Fähigkeit in einem anderen inhaltlichen Bereich –, lässt sich in Piagets Ansatz schwer erklären, da er davon ausgeht, dass eine übergeordnete Gesamtstruktur für die Entwicklung verantwortlich ist.

Konkretoperationales Denken ermöglicht, bestimmte (vor)-wissenschaftliche Begriffe aufzubauen. Konstruiert werden die Begriffe Substanz, Gewicht und Volumen, der Begriff der natürlichen Zahl, messbarer Raum und messbare Zeit, die mathematischen Begriffe der Klasse und der Ordnung und Ähnliches. Alle diese Elemente bleiben in der weiteren Entwicklung als Substrukturen der Erkenntnis auf ähnliche Weise erhalten, wie dies schon für den Begriff des permanenten Gegenstandes gezeigt wurde.

Wie die vorangehenden Stufen zeichnet sich die konkretoperationale Entwicklung durch Aktivität und Integration aus. Nicht passiv gemachte Erfahrungen mit der Welt, sondern aktives Handeln und Anwenden von Schemata führen zu diesen neuen Konstruktionen, die auf schon vorhandenen (Vor-)Begriffen und Fähigkeiten aufbauen und diese in sich integrieren.

Trotz seiner offensichtlichen Fortschritte ist das konkretoperationale Denken an bestimmte Grenzen gebunden. Die vielleicht wichtigste kommt schon in seiner Bezeichnung zum Ausdruck: es muss sich auf – wenn auch nicht unmittelbar vorliegendes – konkretes Material oder durchführbare Handlungen beziehen. Operieren auf der Ebene von Aussagen, Schlussfolgerungen oder Vermutungen ist nicht möglich. So kann das Kind zwar mit konkreten Zahlen rechnen, sich Variablen jedoch nicht erschließen. Auch die physikalischen Operationen funktionieren nur anhand konkreter, zumindest vorstellbarer Gegenstände. Dadurch bleibt das Erkennen an Wirklichkeit in ihrer konkreten Form gebunden, was Piaget als erhebliche Einschränkung angesehen hat.

Die Reversibilität ist in der konkretoperationalen Phase unvollständig, denn die beiden Formen des Rückgängigmachens (Negation und Reziprozität) sind noch nicht untereinander koordiniert – eine Voraussetzung beispielsweise für komplexe mathematisch–logische Systeme. Diese Defizite des konkret-operationalen Denkens führen zu Unsicherheiten und Inkonsistenzen auf dieser Stufe, deren Überwindung auf einer höheren Stufe im folgenden Abschnitt behandelt wird.

Die formaloperationale Stufe

Die Stufe des formaloperationalen Denkens wird etwa im zwölften Lebensjahr erreicht und im Alter von vierzehn oder fünfzehn Jahren vollendet. Der Übergang vom Handeln zum Denken, der nach Piaget die gesamte Entwicklung des Kindes bestimmt, wird abgeschlossen. Nun ist der Jugendliche dazu fähig, abstrakt und bewusst zu denken, er entwickelt Theorien über die Welt, sinnt über ihre Möglichkeiten nach und versucht, sich Phänomene im strengen, wissenschaftlichen Sinne zu erklären.

Das formaloperationale Denken verfügt Piaget zufolge über die beiden wichtigsten Vorgehensweisen des wissenschaftlichen Erkennens – zumindest im Prinzip. Der Jugendliche kann abstrakt schlussfolgern, also Aussagen aus anderen Aussagen ableiten, und zwar unabhängig davon, ob die anfänglichen Aussagen selbst zutreffen. Deduktive Verfahren sind vor allem für die Mathematik, aber auch für alle mathematisch vorgehenden Wissenschaften wichtig. Zudem können Kinder nun mit der Wirklichkeit experimentieren und so Annahmen durch systematische Manipulation von Faktoren und Beobachtung ihrer Auswirkungen überprüfen. Experimentelles Vorgehen zeichnet die Naturwissenschaften aus, ist aber in strenger oder weniger strenger Form in allen empirischen Wissenschaften zentral. Zusammenfassend kann das formaloperationale Denken also durch die Fähigkeit zur Wissenschaftlichkeit charakterisiert werden.

Die in der präoperationalen Phase begonnene Verinnerlichung von Handlungen setzt sich auf der formaloperationalen Stufe fort. Die formaloperationale Intelligenz baut auf den konkreten Operationen auf, benutzt diese als Material und bildet so Operationen zweiter Ordnung. Typische konkretoperationale Tätigkeiten sind etwa das Zählen und Rechnen, das Herstellen von Ordnungsstrukturen und die Bildung von Klassen. Im formaloperationalen Denken werden nun Aussagen über diese Tätigkeiten getroffen: Es werden allgemeine mathematische Beweise zusätzlich zu konkreten Rechnungen ausgeführt, und mathematische Ordnungs- oder Klassenstrukturen können nicht nur gebildet, sondern auch anhand ihrer Gesetzmäßigkeiten untersucht werden. Der Jugendliche ist nicht nur in der Lage, Edith, Susanne und Lili anhand ihrer Haarfarbe in eine Reihenfolge zu bringen, er kann dies jetzt auch, wenn ihm nur verbale Information, also Aussagen über den Fall vorliegen oder Phantasie-Eigenschaften benutzt werden, und nicht zuletzt kann er – wenn auch in oft unvollkommener Form – das Gesetz der Transitivität formulieren, welches der systematischen Lösung dieser und ähnlicher Aufgaben zugrunde liegt.[23]

Aussagen im formaloperationalen Sinne sind von der Wirklichkeit, von konkreten Objekten, Eigenschaften und Verhältnissen unabhängig. Wenn formaloperational gedacht wird, geht es vor allem darum, ob Aussagen in gültiger Weise schlussfolgernd kombiniert werden. Hiermit befreit sich das Denken von den Beschränkungen der präoperationalen Stufe und erbringt so die letzte grundlegende Dezentrierung in der kindlichen Entwicklung. Die erste Dezentrierungsleistung bestand, wie erläutert, darin, dass der Säugling begann, überhaupt zwischen sich und der Außenwelt zu unterscheiden und Gegenständen eine dauerhafte Existenz zuzuschreiben. Auf der konkretoperationalen Stufe lernte das Kind, seine Vorstellungen nicht mehr auf sich selbst zu zentrieren. Die formaloperationale Dezentrierung setzt dies fort, indem sie sich zugunsten des bloß Möglichen gänzlich vom Anschaulich-Wirklichen löst.

Stärker noch: Das Wirkliche wird jetzt, so Piaget, dem Möglichen untergeordnet, weil das Gegebene als eine besondere Verwirklichung möglicher Zustände und Transformationen angesehen wird. Diese Einbeziehung des Möglichen ist für Wissenschaften wie Mathematik und Physik wesentlich. Ein regelmäßiges Tausendeck etwa lässt sich nicht veranschaulichen, nichtsdestoweniger können seine Innen- und Außenwinkel berechnet werden.

Piaget hat das formaloperationale Denken durch die ihm zugrunde liegende Struktur, die so genannte INRC-Gruppe[24], gekennzeichnet und die in dieser implizierten mathematisch-logischen Fähigkeiten des Jugendlichen intensiv erforscht. Die Gruppe ist, wie etwa zeitgleich mit Piaget eine unter dem Namen Bourbaki auftretende Gruppe von Mathematikern behauptete, eine der »Mutterstrukturen« der Mathematik. Die beiden anderen Mutterstrukturen, Ordnungsstruktur und Topologie, hat Piaget im kindlichen Denken ebenfalls identifizieren können.[25]

Piaget zufolge zeichnet sich das formaloperationale Denken durch große Experimentierfreudigkeit aus. Kinder dieser Stufe sind nicht nur in der Lage, sondern haben auch besonderes Interesse daran, physikalische und mechanische Apparaturen kennen und verstehen zu lernen, indem sie mit ihnen hantieren und versuchen, die Prinzipien zu bestimmen, welche ihnen zugrunde liegen.

Erste Ansätze experimentellen Verhaltens finden sich schon auf der sensomotorischen Stufe. Wie erwähnt, schlug eines von Piagets eigenen Kindern auf verschiedene Gegenstände und lernte so die unterschiedlichen Geräusche kennen, die verschiedene Materialien produzieren. Dieses Verhalten ist jedoch noch wenig systematisch. In der prä- und konkretoperationalen Phase neigen Kinder sehr dazu, das Beobachtete ihren Erwartungen zu assimilieren, also ungenau zu beobachten. Zudem stellen sie beim Experimentieren keine Hypothesen auf und gehen nur teilweise systematisch vor. Im formaloperationalen Denken ist dies anders.

In einem berühmt gewordenen Experiment legten Piaget und Inhelder Kindern in der konkret-operationalen Phase fünf Flaschen mit ungefärbten Flüssigkeiten vor. Die Kombination der drei Flüssigkeiten A, C und E ergab eine gelbe Flüssigkeit, die durch D entfärbt wurde. B hatte keine Wirkung. Die Kinder, welche nur gesehen hatten, dass das Hinzufügen einiger Tropfen von E in ein Glas mit einer Flüssigkeit eine gelbe Farbe produzierte und in einem anderen Glas folgenlos war, sollten die farbige Flüssigkeit selbst mischen. Kinder im Alter von sieben oder acht Jahren kombinieren zuerst – erfolglos – die einzelnen Flüssigkeiten jeweils mit E und mischen dann alle fünf Flüssigkeiten, wieder ohne Erfolg. Sie nutzen einen unvollständigen Bezugsrahmen. Mit etwa zwölf Jahren machen sich die Jugendlichen zunächst ein Bild von den möglichen Kombinationen der Flüssigkeiten in Gruppen zu je zwei, drei, vier und fünf und testen diese dann systematisch. Diese Lösung nutzt eine kombinatorische Struktur, die eine grundlegende Struktur der formaloperationalen Intelligenz bildet und ein Anzeichen für den Übergang von der Gruppierung zur Gruppe ist.[26]

Die zweite dem formaloperationalen Denken zugrunde liegende mathematisch-logische Struktur, die INRC-Gruppe, lässt sich ähnlich illustrieren. Man zeigt etwa dem Jugendlichen ein Fahrzeug, das zugleich mit dem Aufblinken einer Lampe anzuhalten scheint, und bittet ihn herausfinden, ob und wie diese beiden Phänomene kausal verbunden sind. Bei angemessenem Vorgehen formuliert er zunächst eine Hypothese, etwa das Licht verursache das Anhalten. Formal schreibt man dies $p \rightarrow q$, Licht (p) impliziert Anhalten (q). Um diese Annahme zu überprüfen, muss man feststellen, ob das Licht auch brennt, wenn das Fahrzeug fährt, denn in diesem Falle wäre sie widerlegt. Es träfe zu, dass $p \wedge \neg q$ (Licht und kein Anhalten). Diese Aussage ist die logische Negation der obigen. Eine zweite mögliche Hypothese ist, dass umgekehrt das Anhalten das Licht verursacht, also $q \rightarrow p$. Dies ist die reziproke Fassung der Formel $p \rightarrow q$. Sie würde ebenfalls durch Beobachten ihrer Negation ($q \wedge \neg p$) widerlegt. Diese Formel wiederum ist korrelativ zu der erstgenannten $p \rightarrow q$, denn dass das Fahrzeug anhält und kein Licht brennt ($q \wedge \neg p$), schließt nicht aus, dass das Licht, wenn es angeht, den Stopp verursacht.

Fügt man diesen Ableitungsoperationen Reziprozität, Negation und Korrelation noch die identische Operation hinzu, welche die Ausgangsaussage unverändert lässt, so verfügt man über die komplette erwähnte INRC-Gruppe, welche aus diesen Transformationen sowie einer Verknüpfungsoperation besteht, wobei zusätzlich noch die Gruppengesetze gelten.[27] Die Transformationen können untereinander kombiniert werden. Wie im obigen Beispiel deutlich wurde, ist $q \wedge \neg p$ korrelativ zu $p \rightarrow q$, kann aber ebenfalls durch die Operationen Reziprozität und Negation (über den Umweg $q \rightarrow p$) aus dieser abgeleitet werden.[28]

Ein Jugendlicher, der die Fahrzeug-Aufgabe lösen kann[29], verfügt also über die mathematische Struktur der INRC-Gruppe. Das heißt jedoch nicht, dass er diese bewusst anwendet oder gar in mathematischen Begriffen formulieren kann. Meist ist gerade das Gegenteil der Fall, und es ist selbst für Erwachsene nicht unbedingt einfach, die grundlegenden Operationen der Aussagenlogik oder die verschiedenen kombinatorischen Formeln explizit zu lernen und anzuwenden. Piaget hat immer wieder betont, dass Denken eine unbewusste Aktivität des Geistes ist und dass der Mensch sich lediglich der Resultate seines Denkens, nicht aber der Schemata, Strukturen und Funktionen bewusst wird. (Vgl. beispielsweise Piaget 1970)

Piaget hat die elementaren mathematisch-logischen Fähigkeiten des Jugendlichen in zahlreichen Experimenten überprüft. So sollten Kinder herausfinden, welche der Einflussgrößen Gewicht, Länge, anfängliche Fallhöhe und anfänglicher Schwung die Schwingungsfrequenz eines Pendels bestimmen. In einem weiteren Experiment sollten sie untersuchen, welche Faktoren für die Biegung einer horizontal gehaltenen Angelrute verantwortlich sind, und dabei zwischen hinreichenden und notwendigen Bedingungen unterscheiden: Bei einer langen Angelrute genügt es, ein geringes Gewicht an ihre Spitze zu hängen, um sie zu verbiegen. Dasselbe Gewicht hat keinen merklichen Einfluss auf eine kurze Angel, die jedoch durch ein schweres Gewicht gebogen werden kann.

Entsprechend diesen Möglichkeiten wächst in der formaloperationalen Phase das Verständnis komplexer physikalischer Begriffe, welche Kombinationen mehrerer Größen erfordern: Proportionen, wie im Angelruten-Beispiel, Dichte (eine Kombination aus Masse und Volumen), Geschwindigkeit (Zeit und Strecke) oder Kraft (beispielsweise Druck und Oberfläche). Auch doppelte Bezugssysteme können nun in die Überlegungen einbezogen werden. So begreift das Kind jetzt, dass die oben erwähnte Schnecke trotz ihrer Eigenbewegung am gleichen Ort bleiben kann, wenn man das Brett, auf dem sie kriecht, in entgegengesetzter Richtung bewegt. Solche Begriffe gehören zum Gegenstandskonzept der formaloperationalen Stufe. Sie bauen auf bereits gebildeten Konzepten auf, sind aber stärker begrifflich und formalisiert.

Ähnlich wie auf der sensomotorischen Stufe und mit dem Doppelschritt von präoperationalem und konkretoperationalem Denken lässt sich auch auf der formaloperationalen Stufe eine erste Phase des Aufbaus und isolierten Erwerbs charakteristischer Fähigkeiten von einer zweiten Phase der Vollendung der Strukturen in Form der Kombinatorik und der INRC-Gruppe unterscheiden. Auch zeigt Piaget wieder, dass die Entwicklung durch aktives Umgehen mit der Wirklichkeit voranschreitet und der Jugendliche nicht durch Anhäufen von Wissen lernt, sondern in aktiven Prozessen neue Begriffe, Fähigkeiten und Ähnliches konstruiert, welche auf den Elementen der vorangegangenen Stufen aufbauen und diese integrieren.

Jedoch hat Piaget selbst Zweifel daran gehabt, ob formaloperationales Denken notwendigerweise erreicht wird. Er hat vorsichtig – aber auch unentschieden – formuliert, das formaloperationale Niveau werde nicht im Allgemeinen, sondern nur in mit besonders intensiver Beschäftigung verbundenen Bereichen des Wissens und der Kenntnisse, also etwa im Beruf, erreicht. Dass jedoch formale Strukturen wie die verschiedenen kombinatorischen Formeln und auch die Aussagenlogik für viele Erwachsene schwer erlernbar oder unverständlich sind, legt nahe, dass diese Strukturen nicht nur nicht bewusst sind, sondern höchstens in Ansätzen aufgebaut werden konnten. Auf diese und ähnliche Probleme wird unten im Abschnitt über die Kritik an Piagets entwicklungspsychologischem Modell eingegangen werden.

Abschließend sollte noch erwähnt werden, dass Piaget erheblich mehr Themen untersucht hat, als hier angedeutet werden konnte. Vor allem nach der Gründung des Centre, an dem er eine große Arbeitsgruppe aufbaute, wurden die Forschungen stark erweitert; zum Beispiel auf Wahrnehmung, vor allem das Verhältnis der Wahrnehmung zur operationalen Entwicklung (Piaget stellt den figurativen und operationalen Aspekt des Denkens einander gern gegenüber), Psycholinguistik und die Frage, ob und wie Sprache das Denken vorantreiben kann, Gedächtnis mit der interessanten Grundidee, dass Handlungsschemata auch die Codes des Behaltens sind, Vorstellungen, Psychopathologie, zum Beispiel das operationale Niveau als Diagnostik von geistiger Behinderung, und individuelle Unterschiede. In seinem Frühwerk hatte Piaget auch die moralische, emotionale und soziale Entwicklung untersucht. Wie er in der Wahrnehmung, beim Gedächtnis und in der Vorstellung die Strukturen der Denkentwicklung fand, so ist er auch der Ansicht, soziale, affektive und kognitive Prozesse seien nicht voneinander zu trennen und unterlägen im Ganzen gesehen denselben Mechanismen und Strukturen der Entwicklung. (Vgl. PK, S. 115) Überall lassen sich Dezentrierungen und Entwicklung von Reversibilität ausfindig machen. Obwohl Piaget und seine Gruppe auch hier wichtige Pionierarbeit geleistet haben, sind alle diese Bereiche weniger bekannt geworden – wohl, weil sie für die genetische Erkenntnistheorie nicht zentral sind.

Der Begriff der Stufe

Piaget zufolge verläuft die geistige Entwicklung in Stufen. Die Fähigkeiten des Kindes organisieren sich spontan zu Strukturen, die in eine hierarchische Ordnung gebracht werden können und so eine Stufenfolge ergeben. Solche Stufen haben mehrere wichtige Merkmale (PE, S. 47 ff.): Verhaltensweisen und Fähigkeiten müssen in einer logisch sinnvollen Folge auftreten. Komplexe Schemata setzen das Vorhandensein einfacherer Schemata voraus, die ausgeweitet, neu organisiert und koordiniert werden können. So kann etwa die Koordination von Sehen und Greifen nur aufgebaut werden, wenn der Säugling die Schemata des Gegenstand-Ergreifens und des Gegenstand-Betrachtens schon konstruiert hat.

Ein zweites wesentliches Merkmal sind ihre Integrationsleistungen. Neue Stufen erzeugen nicht nur neue Möglichkeiten, sondern integrieren – auf höherer Ebene – die Schemata und Strukturen der vorangegangenen Stufe. So wird etwa der sensomotorische Vorbegriff des permanenten Gegenstandes zum integralen Teil der physikalischen Erhaltungsbegriffe.

Drittens verfügt jede Stufe über eine Gesamtstruktur. Sie ist eine übergreifende Ganzheit, keine Menge unverbundener Verhaltensweisen. So kann man die sensomotorische Phase durch eine Logik der Handlungen, die präoperationale Stufe vermittels einer Logik der Vorstellungen, das konkretoperationale Stadium anhand der Gruppierungslogik und schließlich das formaloperationale Denken als eine Logik der Aussagen oder durch die Gruppenstruktur kennzeichnen. Piaget hat diese Strukturen auch anhand ihrer Reversibilitätsformen beschrieben: Sensomotorische Gewohnheiten lassen sich nicht umkehren. Ähnliches gilt für die ersten Vorstellungen, die keine Repräsentation von Transformationen, also auch nicht von Umkehrungen zulassen. Konkrete Operationen lassen sich auf zwei untereinander nicht koordinierte Weisen rückgängig machen (Inversion und Reziprozität), während die formaloperationale Stufe diese in ein umfassendes und vollendetes System integriert.

Schließlich sind die Stufen in sich differenziert. Die Gesamtstruktur tritt nicht unmittelbar in vollendeter Form auf. Sie wird zunächst durch einzelne Erwerbungen vorbereitet und vollendet sich erst später in äquilibrierter Form. Besonders auffällig wird diese Zweiteilung im Verhältnis des präoperationalen (Vorbereitung) zum konkretoperationalen Denken (Vollendung). In den Studien zu den physikalischen und mathematischen Grundbegriffen haben Piaget und seine Mitarbeiterinnen übrigens deutlich gemacht, dass es innerhalb dieser Zweiteilung eine ganze Reihe von Übergangsphasen mit charakteristischen Merkmalen gibt. Ist das Gleichgewicht vollendet, folgt oft noch eine kritische Phase, in der sich die Begrenztheit und Relativität der aktuellen Struktur bereits andeutet.

Strukturen zeichnen sich ferner dadurch aus, dass sie störungsresistent sind, also durch Inkohärenzen und Widersprüche nicht unmittelbar oder notwendigerweise verändert oder gar außer Kraft gesetzt werden. Auf dieses Beharrungsvermögen der Strukturen wird unten im Zusammenhang mit Assimilation, Akkommodation und Äquilibration noch näher eingegangen.

Abschließend soll auf zwei mögliche Missverständnisse hingewiesen werden. Die Stufen der geistigen Entwicklung sind zum einen in sich nicht so einheitlich, wie das Bild nahelegt. Zum anderen ist die stufenförmige Entwicklung kein kumulativer Fortschritt, bei dem auf jeder Stufe etwas hinzukommt. Im Gegenteil, die bereits erworbenen Fähigkeiten müssen auf dem neuen Niveau aktiv rekonstruiert, also wiederhergestellt werden. So bleibt das zeichnerische Verstehen des Wasserspiegels lange hinter dem sensomotorischen Zeigen des Wasserspiegels mit der Hand zurück. Parallele Befunde liefern Dissoziationen zwischen Wahrnehmung und Kinderzeichnung. So nehmen Kinder schon mit wenigen Monaten (also noch früher als Piaget glaubte) Objekte unter perspektivischen Verzerrungen als konstant wahr (der Würfel bleibt ein Würfel, auch wenn sie ihn in unterschiedlicher Perspektive sehen). Beim Zeichnen müssen die räumlichen Eigenschaften des Würfels aber mühevoll neu konstruiert werden. Piaget geht davon aus, dass in diesem wie auch in anderen Fällen eine übergeordnete Gesamtsstruktur auf Dauer für eine Integration sorgt. Im Gegensatz dazu vermuten heutige Autoren hier eher voneinander abgekoppelte und nicht integrierte Wissenssysteme.

Stufenförmige Entwicklungen treten unter ganz besonderen Bedingungen auf, und zwar, wenn konservative und progressive Kräfte gleich stark sind und es keine gerichteten Umwelteinflüsse, also zum Beispiel keine »Erziehung« gibt (van Geert 2000). Zu diesem Thema, das Piagets Stufenbegriff eine weitere theoretische Komponente hinzufügt, kehren wir unten im Abschnitt über Assimilation und Akkommodation zurück.

Der Mechanismus der Entwicklung

Wenn Piaget vom Mechanismus der Entwicklung spricht, betont er stets die konstruktive Selbsttätigkeit. Der Mechanismus ist also kein Automatismus. Im Entwicklungsbegriff unterscheidet sich sein Modell deutlich von denen seiner Zeitgenossen, etwa der behavioristischen Lerntheorie, für die Entwicklung eine dem passiven Organismus aufgedrängte Ansammlung einzelner Erfahrungen darstellt, aber auch von Reifungstheorien, welche der eigenen Aktivität des Kindes wenig Bedeutung zusprechen. Zudem identifiziert Piaget nicht *den* Mechanismus der Entwicklung, sondern verschiedene Faktoren.

Ein einen der ersten Entwicklungsfaktoren nennt er die Reifung von Hormon- und Nervensystem, Wahrnehmungsorganen, Motorik und Ähnlichem. Reifung schafft Möglichkeiten und Spielräume, genügt aber nicht, da diese Möglichkeiten im Verhalten und Denken verwirklicht und genutzt werden müssen. Zweitens wirkt sich Erfahrung mit der Welt und ihren Objekten aus. Auch dieser Faktor allein kann die geistige Entwicklung nicht erklären, und zwar aus zwei (verwandten) Gründen. Erstens ist die Erfahrung durch die vorhandenen geistigen und Handlungsstrukturen geprägt. Wenn aber die je aktuelle Stufe den Erfahrungen ihren Stempel aufdrückt, kann man nicht erklären, wie eben diese Erfahrungen etwas für das Kind Neues liefern sollen. Zum zweiten eignet sich die Erfahrung von Objekten nicht zur Erklärung der mathematisch-logischen Fähigkeiten. Letztere entstehen in der Koordination von Handlungen oder Operationen, nicht durch Wahrnehmen, Beobachten oder Vorstellen allein. Es sollte aber ergänzt werden, dass Piagets Ansicht zum Lernen sich in seinen späten Jahren gewandelt hat. Er betonte nun stärker Faktoren wie Gedächtnis, Wahrnehmung und Vorstellung und er hat sich gefragt, was Objekterfahrung vielleicht doch zu logisch-mathematischem Wissen beitragen kann. Die Frage hat er aber nicht abschließend beantwortet, und es hat sich wenig an seiner Überzeugung geändert, dass die Erfahrung ein untergeordneter – wenn auch notwendiger – Entwicklungsfaktor ist.

Ähnliche Einschränkungen macht Piaget bezüglich der sozialen Vermittlung und Erziehung, denn das Kind muss sich auch diese Einflüsse aktiv aneignen. Entscheidend für die Entwicklung ist ihr spontaner, auf die konstruktive Aktivität des Kindes zurückgehender Anteil, und hier ganz wesentlich der Faktor des Gleichgewichtes.

Als Gleichgewicht bezeichnet Piaget nicht nur einen bestimmten Zustand von Strukturen, der sich durch Reversibilität auszeichnet, sondern auch einen Selbstregulierungsmechanismus, der übergeordnete Strukturen schafft: die Integration der Reflexschemata in Gewohnheiten, die Aufhebung der sensomotorischen Handlungsschemata in anschaulichen Schemata, deren reversible Koordination zu konkreten Operationen und die auf diesen aufbauenden formalen Operationen. Diese Regulierungsmechanismen führen zu in sich geschlossenen, kohärenten und störungsresistenten Strukturen.

Dieses Verständnis von Gleichgewicht ist eine wesentliche Komponente von Piagets Überzeugung, dass der geistigen Entwicklung kein vorgefertigter Plan zugrunde liegt, sondern der konstruktive und spontane Aufbau neuer Fähigkeiten, neuer ausgeglichener Strukturen und damit auch neuer Entwicklungsmöglichkeiten. Auf Piagets Äquilibrationstheorie und einen weiteren Mechanismus, den er für die Genese verantwortlich macht – die reflektierende Abstraktion –, wird unten noch eingegangen.

Fehlt einer der Faktoren Reifung, Erfahrung und soziale Vermittlung, kann sich die geistige Entwicklung verzögern – dies lässt sich bei taubstummen, blinden oder geistig behinderten

Kindern beobachten. Ungleich schwieriger ist es, Entwicklung zu beschleunigen. Piaget hat sich zu dieser Möglichkeit sehr skeptisch geäußert. Bärbel Inhelder hat beispielsweise untersucht, ob man Entwicklungsschritte auslösen kann, wenn man Kinder anregt, Widersprüche in ihren Ansichten und Handlungen zu erkennen. Sie hat solche Beschleunigungen gefunden, aber nur in einem begrenzten Ausmaß, welches durch die Selbstregulationsmechanismen oder die ›Zone der Assimilierbarkeit neuer Erfahrungen‹ bestimmt wird. (Inhelder, Sinclair & Bovet 1974)

Kritik am empirischen Werk

Einige Jahrzehnte nach Piagets ersten Veröffentlichungen setzte eine Welle von experimentellen Überprüfungen seiner Behauptungen ein. Viele seiner Befunde konnten dabei repliziert werden. Interessanterweise hat man aber auch beobachtet, dass schon ganz leichte und zunächst bedeutungslos scheinende Änderungen der Experimente zu erstaunlich anderen Ergebnissen führen. Die psychologische Forschung nach Piaget hat inzwischen fast alle seiner Behauptungen in Zweifel gezogen und hierfür stichhaltige Belege erbracht.

Historisch folgte die Rezeption einem typischen Schema: Zunächst wurde versucht, Piagets Befunde zu replizieren und statistisch – etwa durch Altertrends – zu untermauern. Schnell setzte dann eine zweite Phase ein, in der sich zeigte, dass Änderungen im Material, der Aufgabe oder dem abhängigen Maß – etwa wenn Verhalten anstelle von sprachlichen Erklärungen erfasst wird – unerwartete Ergebnisse zutage fördern. Der Anspruch, Piaget widerlegt zu haben, der in dieser Phase oft vertreten wurde, ist meistens übertrieben. Sicher ist aber, dass diese Untersuchungen auf äußerst reichhaltige Fragestellungen führen, die in Piagets Werk vernachlässigt werden. Eine der interessantesten Fragen ist, wie Kinder ihre Denkstrukturen beim Problemlösen nutzen und warum sie trotz vorhandenem Wissen nicht zu richtigen Schlussfolgerungen kommen. Einige besonders spannende Kritikpunkte an Piagets empirischen Befunden sollen im Folgenden kurz illustriert werden – eine kleine Auswahl aus Tausenden von Untersuchungen.[30]

Piaget zufolge bildet sich die Objektpermanenz erst im Alter von 18 Monaten aus. Dies begründet er damit, dass Kinder vorher nicht oder mit inadäquaten Strategien nach versteckten Gegenständen suchen. Suchverhalten setzt zusätzlich zum Objektbegriff allerdings noch andere Fähigkeiten voraus wie beispielsweise motorische Kompetenzen oder die Fähigkeit, Handlungen auch dann fortzusetzen, wenn sie nicht unmittelbar zum Erfolg führen. Anstelle des Suchverhaltens kann man auch andere Daten erfassen, zum Beispiel das Blickverhalten. Oben wurde bereits erwähnt, dass die Blickdauer als ein Zeichen für Interesse oder Überraschung verstanden wird. Schon wenige Monate alte Kinder sind überrascht, wenn sich ein Objekt durch ein hinter einem Sichtschirm verstecktes Hindernis hindurchzubewegen scheint. Sie schauen länger auf einen Ball, der hinter einem Schirm durch ein Hindernis hindurchgerollt zu sein scheint, als auf einen ähnlichen Ball, in dessen Bahn kein Hindernis lag. (Baillargeon 1993; Spelke, Breininger, Macombar & Jacobson 1992) Der Befund legt nahe, dass Säuglinge über sehr frühes, eventuell angeborenes Wissen über Dauerhaftigkeit und Festigkeit physischer Gegenstände verfügen, also ein recht ausgefeiltes Verständnis von Objektpermanenz. Dieses Wissen zeigt sich aber, hierin haben spätere Untersuchungen Piaget bestätigt, nicht im aktiven Suchverhalten. (Keen 2003)

Befunde dieser Art gibt es zu beinahe allen Schemata und Strukturen, die Piaget untersucht hat. Sie deuten auf einen sehr interessanten Punkt hin: Piaget hat angenommen, dass es so etwas wie *ein* Wissen oder eine structure d'ensemble gibt. Diese Befunde legen jedoch nahe, dass Kinder (und Erwachsene) nicht ein einziges integriertes Weltwissen haben, sondern verschiedene Wissenssysteme. Dazu gehört ein implizites Wahrnehmungswissen über Objekte, das schon Säuglingen zur Verfügung steht, und Handlungswissen und explizites begriffliches Wissen über Objekte, das erst aufgebaut und mit dem Wahrnehmungswissen integriert werden muss. Diese Aufspaltung des Wissens könnte erklären, warum das permanente Objekt im Blickverhalten (Wahrnehmungswissen) so viel früher auftaucht als im Suchen (Handlungswissen).[31]

Generell haben Forscher im Anschluss an Piaget immer wieder zeigen können, dass an den Leistungen der Kinder erheblich mehr psychische Funktionen beteiligt sind als einzelne Konzepte oder Operationen und dass diese Funktionen eine entscheidende Rolle spielen. Den A-nicht-B-Fehler (Suchen im vorherigen, nicht dem aktuellen Versteck) beispielsweise kann man durch mangelnde Kontrolle über teilautomatisierte Handlungen erklären: Nachdem sie einmal erfolgreich in A gesucht haben, gelingt es den Kindern nicht, diese Handlung zu unterdrücken, und zwar obwohl sie wissen, wo das Objekt jetzt versteckt worden ist. (Diamond 1991) Sie haben also eine Kompetenz, können diese aber nicht in Performanz übersetzen.

Zu den Experimenten Piagets, die eine besonders lange und vielfältige Forschungsgeschichte aufweisen, zählt die Drei-Berge-Aufgabe. Piaget hat berichtet, dass Kinder bis zum Alter von sieben Jahren sich nicht vorstellen können, dass andere eine andere Sicht der Welt haben als sie selbst. Im Rahmen seiner Idee vom Egozentrismus präoperationaler Kinder ist dieser Befund durchaus plausibel. Er widerspricht aber alltäglichen Verhaltensweisen von Kindern: Schon Fünfjährige können sich verstecken, ein Spiel, das nicht nur das Wissen um die grundsätzliche Andersheit der Perspektiven der Mitspieler, sondern auch Wissen über deren konkrete Perspektive voraussetzt. (Peskin & Ardino 2003) Kann man dies auch experimentell belegen? Schon Dreijährige sind in Experimenten sehr erfolgreich darin, Perspektiven zu übernehmen, wenn man ihnen die Aufgabe gibt, eine Puppe so zu verstecken, dass sie von anderen Puppen nicht gefunden werden kann. (Donaldson 1991) Es ist nicht gänzlich klar, was genau für die Leistungsdifferenzen zur Drei-Berge-Aufgabe verantwortlich ist. Einige Faktoren sind jedoch identifiziert worden:[32] Räumlicher Egozentrismus verringert sich, wenn dem Kind das Material vertraut ist, wenn keine Puppe, sondern ein Mensch dem Kind gegenübersitzt oder die Objekte eindeutige Vorderseiten haben. Ein bewegliches Modell so zu rotieren, dass es der Sicht der Puppe entspricht, fällt den Kindern leichter, als deren Ansicht zu beschreiben. Schon kleine Kinder sind überrascht, wenn sie an eine andere Seite eines verdeckten Modells geführt werden und hier dieselbe Ansicht sehen wie zu Beginn. Wie diese Befunde zu interpretieren sind – zum Beispiel was als Maß für die ›wahren‹ räumlichen Fähigkeiten gelten kann –, liegt allerdings nicht auf der Hand. Sie unterstützen aber die oben bereits erwähnte Schlussfolgerung, dass es verschiedene Wissenssysteme gibt, die für Wahrnehmung, Handlung und Sprechen nicht gleichermaßen zur Verfügung stehen.

Bei aller Sorgfalt, die sie bei ihrer Entwicklung aufgewandt haben, leiden Piagets und Inhelders Aufgaben zuweilen unter einem Mangel an lebensweltlichem Sinn. Bei der Drei-Berge-Aufgabe wurden die Kinder zum Beispiel gefragt, welches Foto die an einer anderen Seite des Modells sitzende Puppe machen könnte, wenn sie einen Fotoapparat hätte. Nun hatte die Puppe keinen Fotoapparat, sie kann natürlich weder sehen noch fotografieren, und um zu vermeiden, dass die Kinder sich von einer scheinbaren Blickrichtung verunsichern lassen, wurde sogar eine Puppe verwendet, die nicht einmal Augen hatte! Die Aufgabe ist also nicht nur komplex, sondern enthält auch einen hypothetischen Aspekt. Liest man die Versuchsprotokolle genau, kann man – wie auch an vielen anderen Stellen – sich des Eindrucks nicht erwehren, dass die Kinder den experimentellen Situationen mit Macht Sinn abzugewinnen versuchten, auch dort, wo er für sie offensichtlich fehlt.

Ein letztes Argument hat bislang noch nicht die ihm gebührende Aufmerksamkeit bekommen: Piaget und Inhelder untersuchen einen Gegenstand – eine Gebirgslandschaft aus drei Bergen –, an dem die Perspektivität der eigenen Wahrnehmung besonders schwer erkannt werden kann. Die perspektivische Projektion lässt sich bei Gegenständen der Größe von Bergen durch handelnde Konstruktion im Sinne Piagets *nicht* entdecken. Was Piaget und Inhelder also untersuchen wollen – »die Vorstellung der Perspektiven als Funktion der aufeinanderfolgenden Standorte einer Person (oder der gleichzeitigen Standorte mehrerer Personen) bezüglich einer Menge von Gegenständen« (Piaget & Inhelder 1975, S. 250) – lässt sich am Beispiel wirklicher Berge gerade *nicht* erfahren, und auch das fügt der Situation wieder eine besondere Schwierigkeit hinzu.

Manche der Protokolle deuten sogar erstaunliche Einsichten der Kinder an. Als Beispiel mag ein Gespräch mit einem Sechseinhalbjährigen dienen: »Sieht man von da aus [...] und von dort aus, wo du jetzt bist, [...] das gleiche, oder ist es verschieden? – *Es ist das gleiche.* – Kann man von jedem beliebigen Platz aus das gleiche Foto machen? – *Nein.*« (Piaget & Inhelder 1975, S. 256) Für Piaget und Inhelder äußert sich hier ein Widerspruch. Man könnte jedoch auch eine wichtige Einsicht über Wahrnehmung vermuten: Es kann sein – sicher belegen kann man das nicht –, dass das Kind meint, man sehe denselben Gegenstand (die Berglandschaft, »das gleiche«), wenn auch aus unterschiedlichen Perspektiven (die verschiedenen Fotos). Dann würde es eine Grundeinsicht der Wahrnehmungsphänomenologie formulieren: Wahrnehmung gibt uns die Dinge *als* reale, nicht *als* Ansichten.

Eine ähnlich interessante, wenn auch ganz andere Geschichte hat die ebenfalls bereits erwähnte Wasserspiegelaufgabe, bei der die Kinder die Aufgabe haben, den Wasserspiegel in einen geneigten Behälter einzuzeichnen. Sie zählte noch Ende des 20. Jahrhunderts zu den meistuntersuchten Problemen der Kognitionspsychologie. (Liben 1991) Interessanterweise wird sie inzwischen nicht nur mit Kindern, sondern überwiegend mit Erwachsenen durchgeführt.

Die Leistungen bei der Wasserspiegelaufgabe entwickeln sich weniger eindeutig als bei vielen anderen Aufgaben Piagets.[33] So findet man Kinder fast jeden Alters in fast jeder Stufe. Etwa ein Viertel der Erwachsenen zeichnet den Wasserspiegel mit mehr als 5° Abweichung. Frauen machen häufiger Fehler als Männer[34], und zwar selbst dann, wenn sie dieselbe naturwissenschaftliche Bildung oder gleich hohes naturwissenschaftliches Interesse haben. Ein sehr aufschlussreicher Befund ist, dass explizites Wissen über die Horizontalität des Wasserspiegels nicht notwendigerweise zu richtigen Lösungen führt. Das Wissen korreliert zwar positiv mit Leistungen in der Wasserspiegelaufgabe, aber dennoch zeichnen viele Personen, die das physikalische Prinzip kennen, den Wasserspiegel falsch. Solche Abweichungen können nicht allein auf konzeptuelles Wissen zurückgehen, sondern müssen andere Gründe haben, etwa Probleme damit, die horizontale Linie aus dem Feld der sie umgebenden geneigten Linien herauszulösen oder in ein solches Feld hineinzuzeichnen. Der Fehler ist übrigens größer, wenn ein aufrechtstehendes Vergleichsgefäß neben dem Gefäß gezeigt wird, in das die Linie eingezeichnet wird, und er hängt davon ab, welche Orientierung das Vergleichsgefäß hat (stehend oder liegend). Es könnte also sein, dass die Personen bei der Aufgabenlösung das Vergleichsgefäß geistig drehen und deswegen Fehler machen. (Vasta, Belongia & Ribble 1994)

Die Antworten in der Wasserspiegelaufgabe werden ferner sehr stark vom Kontext beeinflusst, in den die Aufgabe gestellt wird. Kontexte, die einen externen räumlichen Bezugsrahmen begünstigen, etwa das Anzeigen des Wasserspiegels mit der Hand, das eine direkte Bezugnahme auf die Schwerkraft erlaubt, fördern Erhaltung. Umgekehrt findet man, dass Kontexte, die einen objektbezogenen Referenzrahmen nahelegen, Erhaltung behindern: Serviererinnen, die im Alltagshandeln objektbezogene Perspektiven (Flasche oder Glas als Referenzobjekt) benutzen, machen mehr Fehler als Personen ohne solche berufliche Erfahrung. (Hecht & Proffitt 1995)

Der Neo-Piagetianer Pascual-Leone, der sich intensiv mit der Wasserspiegelaufgabe beschäftigt hat, hat vorgeschlagen, dass die Leistung in dieser Aufgabe auf Konflikte und Kompromisse zwischen zahlreichen verschiedenen psychischen Prozessen zurückgeht, die alle ihren Teil zur Lösung der Aufgabe beitragen. Dazu zählen Aufmerksamkeit, das Wissen, dass Wasser nach unten fließt (ein relevantes Schema), das Schema, dass Wasser sich am Boden von Gefäßen befindet (ein in dieser Situation irrelevantes Schema), gestaltartige Mechanismen wie gute Form oder Symmetrie, kognitiver Stil und Ähnliches. (Pascual-Leone & Morra 1991)

Diese drei Beispiele illustrieren, dass die Kompetenzen und Begriffe von Kindern sich nicht so einfach erfassen lassen und nicht so einheitlich sind, wie Piaget und seine Mitarbeiter sich dies anhand ihrer eigenen Befunde vorgestellt haben. Vor allem haben sie die Vielfalt der beteiligten Prozesse und den Unterschied zwischen Können (Kompetenz) und Tun (Performanz) unterschätzt. Die Forschungsgeschichte zeigt aber auch, welch spannende Fragen sich Piaget gestellt hat und wie interessante Aufgaben er entwickelt hat: Immerhin liefern einige nach über fünfzig Jahren noch immer neue und aufschlussreiche Daten.

Zwei weitere empirische Einwände haben ebenfalls eine allgemeine Bedeutung: Auf das Problem der *horizontalen Verschiebungen*, das oben am Beispiel des zeitlich gestaffelten Erwerbs der Massen-, Gewichts- und Volumenerhaltung erläutert wurde, wurde bereits hingewiesen.[35] Verschiebungen treten auch in anderen Formen auf: So folgt die verbale Erklärung der verhaltensbasierten Lösung oft mit vielen Jahren Abstand (Goldin-Meadow, Alibali & Breckinridge Church 1993), und viele Konzepte deuten sich im Blickverhalten des Säuglings schon lange an, bevor sie in seinem aktiven Verhalten zum Ausdruck kommen. Piaget hat hingegen angenommen, dass die Entwicklung in verschiedenen Bereichen parallel verläuft und eine einzige »structure d'ensemble« (Gesamtstruktur) für diese Parallelität sorgt – das operationale Niveau. Diese Annahme ist sicherlich falsch und belastet die genetische Epistemologie unnötig.

Unbeantwortet ist ferner die Frage, ob die Stufe des formaloperationalen Denkens den Abschluss der geistigen Entwicklung bildet. Sie wird, wie schon Piaget selbst bemerkte, beileibe nicht von allen Menschen und in allen Bereichen des Wissens erreicht. Andere Forscher haben weitere Stufen entwickelt.[36] Ob es eine Stufe mit einer höheren Gleichgewichtsform, welche diejenige der INRC-Gruppe integriert und überschreitet, geben kann, darf bezweifelt werden. Aber es ist nicht unplausibel, dass Piagets Konzentration auf erkenntnis- und wissenschaftstheoretische, und hier wiederum besonders auf mathematisch-logische und physikalische Problemstellungen, die nur einen Bereich der geistigen Entwicklung ausmachen, dazu führt, dass er mögliche weitere Stufen der Psychogenese gar nicht erst in den Blick bekommt. Das vernunftkritische Argument in dieser Frage wird in den weiteren Kapiteln ausführlich behandelt.

4. Die theoretischen Grundbegriffe der genetischen Epistemologie

Piaget hat an keiner Stelle seines umfangreichen Werkes alle oder auch nur den größten Teil der theoretischen Grundbegriffe seines Ansatzes systematisch erläutert. Seine Ausführungen sind vielmehr über verschiedene Schriften verstreut. Da er seine Grundannahmen im Laufe seiner Forschung mehrfach geändert und neue Schwerpunkte gesetzt hat, ist fraglich, inwieweit überhaupt von *der* Theorie Piagets gesprochen werden kann. Die im Folgenden ausgewählten Konzepte zeichnen die Grundlinien von Piagets Ansatz nach. Es werden dabei vornehmlich Begriffe und Annahmen behandelt, durch die er Wissenschaft und Erkenntnistheorie neue Impulse zu geben versuchte.

Die genetische Perspektive

Piaget hat mit seinen methodologischen und gegenstandsbezogenen Grundannahmen der wissenschaftlichen Psychologie neue Perspektiven eröffnet. Wenn im Folgenden die wichtigsten theoretischen Grundbegriffe erläutert werden, rückt eine zweite wichtige Herausforderung in den Vordergrund: diejenige, welche Piagets Ansatz für die philosophische Erkenntnistheorie darstellt.

Piagets entwicklungspsychologische Arbeiten sind, ganz im Gegenteil zu dem Bild, das ihre Rezeptionsgeschichte zeichnet, kein Selbstzweck, sondern dienen dem Ziel, eine Erkenntnistheorie aufzubauen. Piaget will Erkenntnis wissenschaftlich untersuchen und erklären. Zu verstehen, wie wissenschaftliche Begriffe und Strukturen – oder deren Vorläufer – in der Entwicklung des Kindes entstehen, ist dabei nur *ein* Mittel; andere sind die Erklärung der Phylogenese des Menschen und der Geschichte der Wissenschaften. Piaget nennt seinen erkenntnistheoretischen Ansatz entsprechend eine »Embryologie der Vernunft« oder eine »Embryologie des Geistes«. (EE I, S. 10, und BE, S. 14)

Phänomene als Produkte von Entwicklungsprozessen zu verstehen ist weder für die Wissenschaft noch für die Erkenntnistheorie selbstverständlich. Vor dem 18. Jahrhundert wurden weder die Entwicklung des Menschen noch die der biologischen Arten systematisch thematisiert. Es schien selbstverständlich, dass die Tierarten nach einem göttlichen Plan geschaffen wurden und der Organismus in der Eizelle vollständig gestaltet sei und lediglich heranwachsen müsse. Das Kind stellte man sich als unvollkommenen Erwachsenen vor, den nur die Menge an Erfahrungen und Wissen vom wirklichen Erwachsenen unterscheidet. Wie Piaget von einer eigenen Logik des kindlichen Handelns, Erfahrens und Denkens zu sprechen, Kindern eine von der der Erwachsenen qualitativ unterschiedene Weltsicht zuzuschreiben und diese sogar als eine eigene Form von Erkenntnis zu verstehen, wäre unmöglich gewesen.

Erst im 18. Jahrhundert entstand ein Begriff von wirklicher Entwicklung, die so genannte Epigenese. Entwicklung soll nun durch Neugestaltungen gekennzeichnet sein, selbst dort, wo sie vorhandene Anlagen zur Grundlage hat. Der sich entwickelnde Embryo oder das heranwachsende Kind baut aus undifferenzierten Anlagen neue Strukturen und Eigenschaften auf. In epigenetischen Prozessen werden Möglichkeiten herausgebildet, die im Organismus zum Zeitpunkt seiner Geburt nicht vorgesehen waren.

Ein weiterer entscheidender Einfluss geht auf Charles Darwin (1809-1882) zurück. Darwin zufolge beruht die biologische Artenvielfalt nicht auf einem Schöpfungsplan, sondern bildet sich in einem durch zufällige Mutation und Selektion geprägten Prozess heraus. Organismen bilden ständig neue Merkmale aus. Im Kampf ums Überleben (der »natürlichen Zuchtwahl«) werden weniger günstige Eigenschaften eliminiert, während günstige Eigenschaften sich durchsetzen. Darwinistisches Denken verbreitete sich schnell auch in der Soziologie, Psychologie, Anthropologie und Erkenntnistheorie. Damit entsteht eine neue Sichtweise: »Einer der entscheidenden Faktoren für die Etablierung der Wissenschaften vom Menschen auf der Basis genetischer Prinzipien war die Entdeckung – oder Wiederentdeckung – der Evolution der Lebewesen durch Darwin. Wenn der Mensch nicht mehr länger als unwandelbare Schöpfung mit einem absoluten Beginn betrachtet werden kann, folgt daraus logischerweise, daß alle mit seinen Tätigkeiten in Verbindung stehenden Probleme völlig neu formuliert werden müssen.« (EWM, S. 29)

Auch Piagets Ansatz liegt ein epigenetisches Konzept von Entwicklung zugrunde[37]: In der geistigen Entwicklung gibt es echte Neuheiten, und es ist entscheidend, das schöpferische Moment, das diese neuen Verhaltens- und Erkenntnismöglichkeiten hervorbringt, zu verstehen. Die im dritten Kapitel geschilderten Erkenntnisstrukturen, die das Kind nach und nach aufbaut, sind Beispiele für solche schöpferischen Neuerungen.

Auch wissenschaftliche Erkenntnis ist Piaget zufolge ein Produkt oder Ergebnis von Entwicklung. Nicht anders als die Erkenntnisstrukturen des Kindes werden auch ihre Grundstrukturen in genetischen Prozessen schrittweise aufgebaut. Er geht zudem davon aus, dass solche Entwicklungsprozesse weder einen bestimmbaren Anfang noch ein definiertes Ende haben, sondern Teil einer unabschließbaren Reihe sind, die über die Entstehung der Art homo sapiens und die Entstehung des Lebendigen bis in die Geschichte des materiellen Universums zurückverfolgt werden kann und sich in Zukunft in der Weiterentwicklung der Wissenschaften unbegrenzt fortsetzen wird.

Struktur

Kann die genetische Perspektive als die Grundorientierung von Piagets Ansatz bezeichnet werden, so ist der Strukturbegriff sein zentrales theoretisches Konzept. In den Veränderungen, welche genetische Aufbauprozesse mit sich bringen, bilden Strukturen die Kerne und übergreifenden Momente und geben die Richtung vor.

Piaget hat in verschiedenen Wissenschaften eine Tendenz zum Strukturbegriff beobachtet, beispielsweise in der Mathematik (Bourbaki-Mathematik), der Physik (Feldtheorie), der Psychologie (Gestalttheorie), der Soziologie (hier fühlt sich Piaget besonders Karl Marx verwandt), der Linguistik (Ferdinand de Saussure, Roman Jakobson) und der Ethnologie (Claude Lévi-Strauss). Dieses Aufkommen abstrakter Strukturbegriffe stellte für ihn einen Fortschritt dar. Vergleichbare Innovationen erwartet er sich auch für die Erkenntnistheorie, sobald sie dem Strukturbegriff seinen Platz einräumt und eine genetische Perspektive einnimmt.

Piagets strukturtheoretische Grundannahmen haben sich im Verlaufe seiner Forschung mehrfach deutlich gewandelt. Die Entwicklung verläuft von einem hauptsächlich biologischen Ganzheitsbegriff über den vor allem in der genetischen Psychologie angewandten mathematischen Gruppierungs- und Gruppenbegriff sowie die Mutterstrukturen der Bourbaki-Mathematik, eine in erster Linie methodologische Interpretation des Strukturalismus bis hin zur kybernetischen Äquilibrationstheorie des Spätwerks.[38]

Einige strukturtheoretische Grundannahmen wurden bereits im dritten Kapitel erwähnt. Piaget beschreibt und erklärt Verhalten und Erkennen des Kindes anhand allgemeiner Formen. Er versucht also, Erkenntnis nicht über ihre Inhalte, sondern anhand ihres inneren Aufbaus zu erfassen, nicht zu beschreiben, was die besonderen Inhalte des Weltverständnisses des Säuglings, des Kindes, Jugendlichen und Erwachsenen sind, sondern *in welchen Formen* sich dieses Erkennen organisiert, um verschiedene Formen miteinander zu vergleichen und zu hierarchisieren.

Entwicklungspsychologisch erwähnenswert, wenn auch theoretisch nicht zentral, ist Piagets Unterscheidung zwischen Schemata der Vorstellung, der Handlung und Strukturen im engeren Sinne. Das Vorstellungsschema ist eine vereinfachte, statische Repräsentation eines Gegenstandes oder einer Handlung. Ein Handlungsschema ist ein überdauerndes, wiederholbares und koordiniertes Verhaltensmuster mit einer Logik. Strukturen im engeren und für die genetische Epistemologie bedeutsamen Sinne schließlich beziehen sich ebenfalls auf Verhalten, sind jedoch komplexer als Handlungsschemata und müssen zusätzliche Bedingungen erfüllen. Von einer Struktur spricht Piaget nur dann, wenn ihr nicht beliebige Verhaltensweisen, sondern Operationen zugrunde liegen – verinnerlichte, in Systeme eingefügte, reversible Handlungen. Prototypen von Strukturen sind die im dritten Kapitel erwähnte INRC-Gruppe und die Mutterstrukturen der Bourbaki-Mathematik. Eine zweite wichtige Grundlage für Piagets Strukturbegriff bildet das Verständnis des Organismus als selbsterhaltende, gegenüber der Umwelt abgegrenzte und doch mit ihr in Wechselbeziehungen befindliche Ganzheit, das er aus der Biologie übernimmt.

Allgemein können Strukturen als Systeme von Wechselbeziehungen unter ihren Elementen sowie zwischen diesen Elementen und dem Ganzen definiert werden. Nach Piaget sind dabei drei Merkmale notwendig: »Eine Struktur besitzt erstens Totalitätsgesetze, die andere sind als die ihrer Elemente und die es sogar ermöglichen, von derartigen Elementen ganz abzusehen. Zweitens sind diese Eigenschaften der Gesamtheit Transformationsgesetze [...]. Drittens beinhaltet jede Struktur eine Selbstregelung in zweifachem Sinn. Ihr Aufbau führt niemals über ihre Grenzen hinaus und benötigt niemals etwas von außerhalb dieser Grenzen.« (EWM, S. 9)

Strukturen bilden also erstens abgeschlossene komplexe Einheiten mit Ganzheitscharakter, die unabhängig von den Elementen, aus denen sie konstruiert sind, untersucht werden können und Eigenschaften aufweisen, die von denen der Elemente verschieden sind. Um nur einige Beispiele zu nennen: Der Organismus ist mehr als die Gesamtheit seiner Organe, die Wahrnehmung mehr als eine Summe von Einzelempfindungen, das Verhalten mehr als eine Abfolge von Bewegungen und die additive Gruppe der ganzen Zahlen mehr als die Menge der einzelnen ganzen Zahlen.

Strukturen sind zweitens nicht statisch, sondern Systeme von Transformationen. Der Organismus erhält sich in einem steten Stoffwechsel mit der Umwelt; Wahrnehmung, Verhalten und Erkennen beruhen auf der aktiven Auseinandersetzung des Menschen mit der Welt, und mathematische Gruppen werden über Operationen definiert. Schließlich regeln Strukturen sich selbst, bedürfen also für Aufbau und Erhaltung keiner äußeren Unterstützung. Der biologische Organismus ist wie das System der Erkenntnisstrukturen ein selbstregelndes System. Selbst mathematische Strukturen interpretiert Piaget in dieser Weise und verweist auf ihre operationale Geschlossenheit: In der additiven Gruppe beispielsweise führt die Verknüpfung zweier ganzer Zahlen immer zu einem weiteren Element dieser Gruppe – einer ganzen Zahl – und überschreitet niemals deren Grenzen.

Wie einleitend erwähnt, verbindet Piaget mit dem Strukturbegriff ganz erhebliche Erkenntnishoffnungen. Er sieht in ihm ein Mittel, um heterogene Wissenschaften miteinander zu verknüpfen und die Wahrheit wissenschaftlicher Erkenntnis gegen einige grundsätzliche Bedenken zu verteidigen. Vor allem können drei zentrale Wissenschaften – Psychologie, Erkenntnistheorie und Mathematik – verbunden werden. Große Hoffnungen setzte er auf die Bourbaki-Mathematik, eine formalistische Grundlagentheorie der Mathematik.

Die Bourbaki-Mathematiker versuchten, die Mathematik aus wenigen sogenannten Mutterstrukturen abzuleiten, der Gruppe, der Ordnungsstruktur und der Topologie. Aus diesen kann die Gesamtheit der mathematischen Strukturen hergeleitet werden, indem man ihnen zusätzliche Axiome hinzufügt, sie spezialisiert oder mehrere Mutterstrukturen miteinander kombiniert. (Bourbaki 1974, vor allem S. 154 f.) Piaget hatte, wohl unabhängig von den Bourbaki-Mathematikern, empirisch beobachtet, dass im Verhalten und Denken von Kindern genau diese drei Mutterstrukturen auftreten. (Vgl. hierzu besonders EgE, S. 35 f.) Die INRC- oder Kleinsche Vierergruppe und die Ordnung wurden bereits in Kapitel 3.1 erwähnt. Der Raumbegriff ist – wie Kinderzeichnungen zeigen – anfangs durch topologische geometrische Konzepte gekennzeichnet, etwa Nachbarschaft, Rand und Eingeschlossensein.

Piagets Beobachtung legt nahe, dass der ursprünglich formalistische Ansatz der Bourbaki-Mathematik eine psychogenetische Grundlage haben könnte. Die mathematischen Mutterstrukturen könnten Erzeugnisse der Psychogenese sein. Diese Verknüpfung von Mathematik und Psychologie ist ein ausgezeichnetes Beispiel sowohl dafür, was Piaget unter einer genetischen Erkenntnistheorie wissenschaftlicher Begriffe verstanden hat, als auch fürdie herausragende Bedeutung, die er dem Strukturbegriff zuerkannt hat.

Diese interdisziplinär-erkenntnistheoretische Entwicklung ist jedoch nicht die einzige Erkenntnishoffnung, die mit dem Strukturbegriff verknüpft ist. Piaget wendet sich mit ihm auch gegen erkenntnisskeptische Strömungen in Philosophie und Wissenschaft, also wissenschaftstheoretische, -soziologische oder -historische Zweifel, ob wissenschaftliche Erkenntnis jemals bis zur Realität vordringen kann. Vorteilhaft am Strukturbegriff ist, dass er auf Denken *und* Welt, Bewusstsein *und* Materie angewandt werden kann. Erkenntnis- und Weltstrukturen sind gleichermaßen real. Formale Strukturen sind für Piaget also nicht bloß Modelle, Erkenntniswerkzeuge des Wissenschaftlers, die der Wirklichkeit aufgezwungen werden. Auch Welt und Natur sind durch Strukturen gekennzeichnet. Der Strukturbegriff ist so in sich neutral gegenüber der Unterscheidung zwischen Denken und Welt, die als Dualismusproblem die neuzeitliche Philosophie und Wissenschaft plagt.

Besonders interessant ist in diesem Zusammenhang der Organismus, den Piaget den »Verzweigungspunkt zwischen den subjektiven Strukturen und denjenigen der materiellen Realität« (AgE, S. 97) nennt. Die Strukturen des Erkennens gehen über die Psychogenese auf den Organismus zurück, der wiederum ein Teil der Welt ist. Das heißt aber nicht, dass er eine letzte Realität wäre: Auch natürliche Strukturen sind Momente konstruktiver Entwicklungsprozesse, die auf früheren Strukturen aufbauen und selbst wieder die Grundlage weiterer Strukturen bilden.

Mit diesen Überlegungen zur Strukturiertheit von Erkennen und Welt und zum gemeinsamen Ursprung subjektiver und objektiver Strukturen versucht Piaget, den Anspruch der Wissenschaften, Realität zu erkennen, gegen Bedenken, dass sie lediglich funktionierende Modelle und Techniken erarbeiten können, zu verteidigen. Dem scheint er zu widersprechen, wenn er in späteren Schriften betont, der Strukturalismus der genetischen Epistemologie sei bloß methodisch. (Vgl. Str, S. 131) Bedeutet dies, dass die Erkenntnisstrukturen, statt den untersuchten Gegenständen zu entsprechen, durch wissenschaftliche Verfahren bestimmt sind, mit denen Gegenstände ungeachtet ihrer eigenen Natur analysiert werden sollen? In der Tat scheint Piaget in seiner Schrift zum Strukturalismus diese These vertreten zu haben. Das führt auch dazu, dass er hier seinen Anspruch auf Wirklichkeitserkenntnis, auf Erkenntnis der natürlichen Strukturen zurücknimmt. Dies ist ein ungerechtfertigter Rückzug von einer der herausforderndsten und wichtigsten Thesen der genetischen Epistemologie. Er enthält jedoch eine wichtige Mahnung zur Vorsicht: Piaget will davor warnen, eine besondere Struktur zur letzten Realität zu erklären, eine Philosophie der Struktur an die Stelle ihrer konkreten wissenschaftlichen Untersuchung zu setzen oder zu vernachlässigen, dass jede Struktur nur ein Moment eines in seine beiden Richtungen unabgeschlossenen und unabschließbaren Konstruktionsprozesses bildet.

Assimilation und Akkommodation

In jeder menschlichen Auseinandersetzung mit der Welt, unabhängig davon, ob sie in erster Linie wahrnehmend, handelnd oder erkennend ist, spielen zwei Funktionen eine große Rolle, die Piaget mit zwei biologischen Begriffen als Assimilation und Akkommodation bezeichnet. Assimilation ist die Anwendung von subjektiven Schemata oder Strukturen auf Gegenstände, die dabei diesen Strukturen angeglichen werden. So werden bei der Nahrungsaufnahme fremde Substanzen dem Körper einverleibt und in seine chemischen Strukturen eingebaut. Wahrnehmung organisiert, wie Täuschungen zeigen, äußere Ereignisse mithilfe vorhandener Wahrnehmungsschemata. Auch konkrete und formale Operationen ordnen ihre Gegenstände ihren eigenen Möglichkeiten unter und erfassen sie in Abhängigkeit von diesen Möglichkeiten. Selbst von den Naturwissenschaften kann behauptet werden, dass sie die Realität an Erklärungsstrukturen – vor allem mathematische Theorien – assimilieren.

Als Kehrseite dieser Assimilationen weisen alle Aktivitäten akkommodative Komponenten auf, durch die sich die angewandten Schemata und Strukturen an die Besonderheiten der assimilierten Realität anpassen. Auf der organischen Ebene zeigt sich dies beispielsweise darin, dass die Verdauungsorgane des Organismus an die in seiner Umwelt vorhandenen Nährstoffe angepasst sind. In der handelnden Auseinandersetzung mit der Welt muss der Mensch die individuellen Besonderheiten der konkreten Gegenstände seines Verhaltens berücksichtigen. Naturwissenschaftliche Erkenntnis schließlich leistet diese Anpassung an die Wirklichkeit durch das Experiment.

Assimilation und Akkommodation wirken in der Auseinandersetzung des Menschen mit der Welt in zwei einander entgegengesetzte Richtungen: »Die Assimilation ist konservativ und möchte die Umwelt dem Organismus [...] unterordnen [...], während die Akkommodation Quelle von Veränderungen ist und den Organismus den sukzessiven Zwängen der Umwelt beugt.« (AWK, S. 339) Alle menschlichen Aktivitäten entstehen aus einem Zusammenspiel dieser beiden Funktionen. Sie verleiben Äußeres in subjektive Schemata ein und passen dabei diese Schemata dem ihnen Einverleibten an. Die Anteile der beiden Mechanismen können von hoch assimilierenden bis zu stark akkommodativen Aktivitäten variieren. Überwiegend assimilierend sind das kindliche Symbolspiel und das mathematische Denken, hoch akkommodativ das Rollenspiel kleiner Kinder, die Wahrnehmung oder die zoologische Beobachtung. Ausschließlich assimilierende oder rein akkommodative Aktivitäten sind jedoch unmöglich. Jede menschliche Aktivität setzt voraus, dass eine subjektive Struktur zur Anwendung kommt, die einen Gegenstand assimiliert. Da diese besonderen und konkreten Gegenstände niemals vollständig bekannt sind und die Handlungs- und Erkenntnisschemata zudem immer von einem gewissen Allgemeinheitsgrad sind, müssen die Strukturen bei ihrer Anwendung notwendig Anpassungsprozessen unterzogen werden, seien diese auch noch so minimal.

Piaget unterscheidet, wie im Abschnitt über die Sensomotorik bereits erwähnt, zwischen reproduzierender, generalisierender und wiedererkennender Assimilation, also zwischen Assimilationen, die ein Handlungsschema wiederholt auf denselben Gegenstand anwenden, solchen, die ihren Anwendungsbereich erweitern, und solchen, deren Gegenstandsbereich sich ausdifferenziert. Die beiden letztgenannten Funktionen sind für eine Theorie des Erkennens von großer Bedeutung, da sie eine Grundlage für den Aufbau von Allgemeinbegriffen bilden.

Ferner unterscheidet Piaget zwischen einfacher und reziproker Assimilation. (Vgl. ÄS, S. 13) Auch dies ist für seine erkenntnistheoretischen Absichten sehr wichtig. Einfache Assimilation ist ein Prozess, in dem ein äußerer Gegenstand einem Handlungsschema einverleibt wird. Bei reziproker Assimilation werden zwei Schemata durch das jeweils andere assimiliert, oder eine übergeordnete Struktur verleibt sich ein ihr untergeordnetes Schema ein. Solche reziproken Assimilationen sind für die Entwicklung des Erkennens sehr bedeutungsvoll. Zum Beispiel müssen beim Aufbau einer neuen Stufe des Erkennens isolierte Schemata der vorangehenden Stufe gegenseitig oder mit übergeordneten Strukturen koordiniert werden. Höhere geistige Strukturen entstehen gerade aus solchen Verbindungen von Schemata untereinander. Durch diese zunehmende Koordinierung und Differenzierung ergeben sich neue Verhaltens- und Erkenntnismöglichkeiten – epigenetische Neuerungen –, die interne Organisation der Schemata und Strukturen verfeinert sich und es bilden sich komplexere und umfassendere Erkenntnissysteme aus.

Wie erwähnt haben einmal aufgebaute Schemata eine Assimilationstendenz, also die Neigung, sich von sich aus alle möglichen Gegenstände einzuverleiben. (Vgl. ÄS, S. 14) Die Anwendung eines Schemas in Erfahrung, Handeln oder Erkennen bedarf folglich keiner gesonderten Motivation. Diese Grundannahme – eine implizite Motivationstheorie – ist für Piagets genetische Epistemologie sehr charakteristisch.

Der Assimilationsbegriff erlaubt es schließlich, Bedeutung zu definieren. Die Gesamtheit der auf ein Objekt angewandten Schemata und Strukturen ist dessen Bedeutung. (Vgl. BE, S. 6) Damit begegnet Piaget der Kritik, durch seine Konzentration auf formalisierbare Strukturen und funktionale Mechanismen vernachlässige er die Sinnhaftigkeit des menschlichen Weltbezugs. Allerdings sind ihm solche Fragen erheblich weniger wichtig als die Untersuchung der strukturellen Komponenten.[39]

Auch auf der akkommodativen Seite der menschlichen Aktivitäten differenziert Piaget noch genauer. Erstens spricht er von einer allgemeinen Akkommodation, einer grundsätzlichen Angepasstheit der Aktivitäten des Organismus an die Wirklichkeit. Hiermit unterstreicht er eine Grundannahme, die im vorangegangenen Abschnitt erläutert wurde: Die genetische Epistemologie geht davon aus, dass Subjekt und Objekt in vielfältigen Austauschprozessen miteinander stehen und aufeinander abgestimmt sind. Von dieser allgemeinen Angepasstheit unterscheidet er die besondere Akkommodation einzelner Schemata an die speziellen Eigenschaften der assimilierten Gegenstände. (Vgl. EE III, S. 267) Wie bei der Assimilation gibt es auch einfache und reziproke Akkommodation. (Vgl. ÄS, S. 14) Einfache Akkommodation begleitet jede Anwendung eines Handlungsschemas. Reziproke Akkommodationen treten bei gegenseitiger Assimilation zweier Schemata auf und sind für die Koordinierung von verschiedenen geistigen Strukturen verantwortlich.

Die akkommodative Komponente führt zu einem besonderen, für Erkenntnis sehr charakteristischen Verhalten, und zwar dem Interesse für Neues. Das Interesse an Unbekanntem stellt für Piaget eine eigenständig gewordene Akkommodationsaktivität dar. Es wird möglich, wenn neue Gegenstände nicht mehr völlig fremd und deswegen Störfaktoren für das Handeln sind, sondern – aufgrund des Differenzierungs- oder Allgemeinheitsgrades der Schemata – nur als relativ neu erscheinen. (Vgl. AWK, S. 340) Besonders eindrücklich tritt diese Neugier mit den formalen Operationen auf, wenn der Jugendliche das Wirkliche als Funktion des Möglichen versteht. Wenn er mögliche Ereignisse hypothetisch voraussehen kann, kann er sich dem Unbekannten aktiv zuwenden. Aber schon das experimentierende Verhalten des Kleinkindes im fünften Stadium der sensomotorischen Stufe zählt zu dieser Kategorie.

Im Gegensatz zu ihrer Assimilationstendenz besitzen die Schemata und Strukturen jedoch keine Tendenz zur Akkommodation. Piaget spricht von Akkommodationsnotwendigkeit, einem Zwang zur Anpassung. (Vgl. ÄS, S. 15) Das »Urfaktum« (EIK, S. 412 und S. 414) ist Assimilation: »Die Akkommodation ist natürlich immer der Assimilation untergeordnet (denn sie ist immer die Akkommodation eines Assimilationsschemas).« (ÄS, S. 14) Spätere Untersuchungen am Centre haben übrigens eindrücklich gezeigt, wie Kinder nicht zu den eigenen Überzeugungen passende Befunde umdeuten oder ignorieren. (Piaget 1980) Auch dies spricht dafür, dass Assimilation vorgeordnet ist. Entsprechend ist in der genetischen Epistemologie die subjektive Aktivität dem Einfluss der äußeren Wirklichkeit vorgeordnet: Wirklichkeit kann nicht unabhängig von menschlichen Erkenntnisstrukturen erkannt werden, und sie kann nur dort zu Wort kommen, wo solche Strukturen dies zulassen. Diese Hierarchie betrifft die einfachsten Reflexaktivitäten und Zirkulärreaktionen des Säuglings bis hin zu den formaloperationalen und wissenschaftlichen Formen, in denen Piaget zufolge Assimilation als deduktives Schlussfolgern oder Urteilen und Akkommodation in Form des Experimentierens auftritt.

Auch Assimilation und Akkommodation entwickeln sich im Laufe des Lebens. Im Verhalten des Säuglings lassen sie sich kaum voneinander trennen, sondern treten gemeinsam und unterschiedslos auf: »In ihren Anfängen bedeutet Assimilation hauptsächlich: Gebrauch der Umwelt durch das Subjekt zur Nährung seiner ererbten oder erworbenen Schemata.« Die diesen Gebrauch der Umwelt begleitende Akkommodation »bleibt noch dermaßen undifferenziert von assimilatorischen Prozessen, daß sie zu keinerlei speziellem aktiven Verhalten führt, sondern einfach zu einer Anpassung dieser Prozesse an die Einzelheiten der assimilierten Dinge« (AWK, S. 338). Solche Einzelheiten treten in der Handlung des Säuglings als Störfaktoren auf. Sie sind nicht Gegenstand eines eigenen Interesses oder einer Neugier, sondern bilden Hindernisse für den ungestörten Ablauf der vorstrukturierten Zirkulärreaktionen. Piaget nennt dieses Verhältnis zwischen Assimilation und Akkommodation auch eine chaotische Undifferenziertheit. (Vgl. AWK, S. 340)

Im Laufe der Entwicklung differenzieren sich die beiden Funktionen jedoch aus und werden zu getrennten, komplementären Schwerpunkten der kindlichen Aktivität. Manche Handlungen assimilieren vorrangig, in anderen liegt das Hauptgewicht auf der akkommodativen Komponente. Piaget schreibt:

»Mit der Evolution des kindlichen Denkens differenzieren sich jedoch Assimilation und Akkommodation und ergänzen sich immer mehr. Für die geistige Vorstellung von der Welt bedeutet dies einerseits, daß die Akkommodation statt ihres Verbleibens an der Oberfläche der Erfahrung in immer tiefere Regionen eindringt, d.h., sie sucht nun unter dem Chaos der Äußerlichkeiten die Regelmäßigkeiten und wird zu deren Auffinden zu richtigen Experimenten fähig. Die Assimilation andererseits trägt nun die Phänomene in das Beziehungssystem hinein, das den tiefer gehenden Aktivitäten der Intelligenz selbst entspringt [...].« (AWK, S. 370 f.)

Im weiteren Verlauf der Psychogenese pendelt sich das Verhältnis der beiden Funktionen in einem Gleichgewicht ein, in dem sie als Komplizen auftreten: die Akkommodationsnotwendigkeit führt nicht mehr zu unerwarteten Anpassungen der Schemata, und die Assimilationstendenz hat nicht mehr zur Folge, dass die Besonderheiten der Umwelt übergangen werden. »Es besteht also die Tendenz zu einer immer engeren Solidarität zwischen den beiden immer besser differenzierten Funktionen, und wenn wir in dieser Richtung weitergehen, endet diese Interaktion [...] in der gegenseitigen Abhängigkeit der assimilatorischen Deduktion und der experimentellen Techniken« (AWK, S. 341), also im Wechselspiel der wissenschaftlichen Methoden Formalisierung und Experiment.

Aus der Rolle von Assimilation und Akkommodation lässt sich eine wichtige Konsequenz für den Erfahrungsbegriff der genetischen Epistemologie ziehen. Piaget versteht Erfahrung weder als Abbildung von Wirklichkeit durch ein passives Subjekt noch als freie Konstruktion durch ein aktives und autonomes Subjekt, sondern als einen Stoffwechsel des Menschen mit der Realität. Erfahrung entspringt aus der Interaktion von Subjekt und Objekt, aus einem Wechselspiel von subjektiven Vorstrukturierungen und objektiven Beiträgen. Erfahrend setzt sich der Mensch tatsächlich mit der Welt auseinander. Diese interaktionistische Grundthese überträgt Piaget auch auf den Bereich der Erkenntnis im engeren Sinne. So formuliert er an einer zentralen Stelle: »Die Erkenntnis beginnt so weder mit der Erkenntnis des Ich noch mit der der Dinge als solchen, sondern mit der Erkenntnis ihrer Interaktion, und sie organisiert die Welt und sich selbst, indem sie sich gleichzeitig den beiden Polen dieser Interaktion zuwendet.« (AWK, S. 341)

Ob Piagets Ansatz tatsächlich beide Seiten berücksichtigt und den Beitrag des Objekts zu Erfahrung und Erkenntnis genauso erfasst wie denjenigen des Subjekts, dem Piaget den Großteil seiner Forschungsarbeit gewidmet hat, ist fraglich. Ein Aspekt dieses tendenziellen Subjektivismus, die These vom Urfaktum der Assimilation, die der Akkommodation vorgeordnet ist, wurde in diesem Abschnitt, ein weiterer – die Inhaltsarmut der Objektbegriffe – bereits in Kapitel 3.5 erwähnt.

Äquilibration

In der Erörterung von Piagets Stufentheorie wurde deutlich, dass bestimmte Strukturen als äquilibriert – in einem Gleichgewicht befindlich – verstanden werden können, andere hingegen nicht. Äquilibrierte Strukturen sind störungsresistente und beständige Schemata. So stellt beispielsweise die am Ende der sensomotorischen Phase aufgebaute praktische Bewegungsgruppe eine äquilibrierte Struktur der Bewegungen im Raum dar, weil sie jede mögliche Bewegung und alle vorstellbaren Orte konstruieren kann, ohne dass sich das Kind tatsächlich an diesen befunden oder sie wahrgenommen haben müsste. Die Selbstregulationsprozesse, die Aufbau und Erhaltung solcher Strukturen ermöglichen, müssen Piaget zufolge als Gleichgewichtsmechanismen gedeutet werden.

Der Gleichgewichtsbegriff ist für die genetische Epistemologie ähnlich bedeutsam wie das Konzept der Struktur. Piaget verwendet diesen Begriff in fast allen von ihm untersuchten Gegenstandsbereichen: der Biologie, der Psychologie, für Erkenntnisphänomene bis hin zur Mathematik und schließlich auch zur Beschreibung von sozialen Prozessen. Mit ihm erklärt er die Dynamik organischer Abläufe, menschlichen Handelns, sozialer Verhältnisse und vor allem des Erkennens. Im Folgenden werden die wichtigsten Verwendungsweisen kurz vorgestellt.

Piaget hat verschiedene Phänomene als Gleichgewichte beschrieben. So ist das Verhältnis des Organismus zu seiner Umwelt durch Gleichgewichte gekennzeichnet. Lebewesen erhalten sich im Austausch mit der Umwelt in einem ausgewogenen und meist höchst komplexen Stoffwechsel. Auch Handeln und Erkennen sind ein solcher Stoffwechsel. Ist das Verhältnis von assimilierenden und akkommodierenden Komponenten des Verhaltens ausgewogen, kann ein Kontakt mit der Welt stattfinden;

der Mensch spult nicht nur subjektive Verhaltensmuster ab und wird nicht zu reflexartigen Reaktionen veranlasst. Ähnlich lässt sich die innere Organisation bestimmter geistiger bis hin zu mathematisch-logischen Strukturen als gleichgewichtig beschreiben. Auch Erkenntnis wird in der genetischen Epistemologie als harmonisches und ausgewogenes Zusammenspiel von subjektiven Vorstrukturierungen und objektiven Ereignissen verstanden.

Piaget hat selbst keine Motivationstheorie entwickelt, aber die genetische Epistemologie hat eine implizite Motivationstheorie: Ungleichgewichte innerhalb oder zwischen Strukturen drängen den Menschen, sie zu beseitigen. Diese Idee, dass Konflikt der Motor von Entwicklung bzw. Lernen aufgrund von kognitiven Konflikten zustande kommt, ist sehr spannend.

Große Bedeutung für die Äquilibration von Strukturen besitzt hierdurch die Reversibilität der Operationen, auf denen sie beruhen. Reversibilität – die Möglichkeit, Transformationen rückgängig zu machen – tritt, wie im dritten Kapitel gezeigt, mit den konkreten Operationen auf und wird durch die formalen Operationen vollendet. Piaget betont, dass es dem Kind mithilfe der Reversibilität gelingen kann, Unbekanntes und Störungen zu antizipieren, da sie innerhalb eines reversiblen Operationssystems genau bestimmte Transformationen darstellen. Ein solches System sieht Möglichkeiten vor, sie rückgängig zu machen und damit auszugleichen. Wenn etwa alle Möglichkeiten der Bewegung im Raum oder – in dem im dritten Kapitel erwähnten Versuch – der Kombination von fünf Flüssigkeiten im vorhinein in einer allgemeinen Raumstruktur oder einer kombinatorischen Formel berücksichtigt werden können, so kann kein tatsächlich eintretendes Ereignis das Kind ›aus dem Gleichgewicht‹ bringen. Solche reversiblen Strukturen stecken den Rahmen des Möglichen ab.

Charakteristisch für die genetische Epistemologie ist noch eine weitere Verwendungsweise des Gleichgewichtsbegriffs. Piaget behauptet, die Entwicklung des Erkennens in Ontogenese, Phylogenese und Wissenschaftsgeschichte sei durch sich Schritt für Schritt verbessernde Gleichgewichte gekennzeichnet. So soll das reversible Gleichgewicht der formalen Operationen stabiler sein als das teilreversible der konkreten Operationen und dieses wiederum besser als die mit den irreversiblen präoperationalen und sensomotorischen Schemata erreichbaren Äquilibrationen. Auch die wissenschaftlichen Theorien können ausgewogener werden. Diesen Prozess, in dem die Gleichgewichtsformen selbst stabiler, mobiler und ausgedehnter werden, nennt Piaget majorierende Äquilibration. (Vgl. etwa ÄS, S. 37) Er nimmt an, dass sich Erkenntnis generell in Richtung eines zunehmend besseren Gleichgewichtes entwickelt.

Wie begründet Piaget diese Fortschrittshoffnung? Eine inhaltliche Begründung ist ausgeschlossen, denn damit würde zukünftige Erkenntnis vorweggenommen und Epigenese unmöglich. Piaget wählt deswegen eine formale Begründung. So spricht er beispielsweise nicht vom Entwicklungsfortschritt, sondern verwendet den neutraleren Begriff Vektion. Warum nun müssen neu aufgebaute Strukturen notwendig äquilibrierter sein als die Strukturen, auf denen sie gründen? Piaget argumentiert, dass sie die vorangegangenen Strukturen integrieren, dabei deren Mög lichkeiten umfassen und diesen zugleich neue (Ganzheits-)Eigenschaften hinzufügen. Prozesse reziproker Assimilation und Akkommodation, aber auch das Bewusstwerden und die Reflexion von Strukturen führen notwendig zu einer Verbesserung der internen Organisation der höheren Strukturen.

Der Begriff der majorierenden Äquilibration macht sehr deutlich, dass die genetische Epistemologie sich nicht damit bescheiden will, rekonstruierend aufzuklären, wie sich Erkenntnis bislang entwickelt hat, sondern auch versucht, auf die zukünftige Geschichte der Erkenntnis zu schließen. Die Überzeugung, die Entwicklung des Erkennens müsse sich durch sich verbessernde Gleichgewichtsformen auszeichnen, hat allerdings erhebliche Kritik auf sich gezogen. Die Behauptung, dass die Erkenntnisentwicklung in kindlicher Entwicklung und Wissenschaftsgeschichte fortschrittlich und verlustfrei verlaufe, scheint eine rationalistische Verzerrung zu sein. Zudem ist unklar, wie diese notwendige Richtung mit Piagets epigenetischem Entwicklungsverständnis, das qualitativen Neuerungen eine zentrale Funktion zuspricht, zur Übereinstimmung gebracht werden soll. (Vgl. hierzu Engels 1989; Liebsch 1992, Studie IV A; Meyer-Drawe 1986)

Die Frage, wie die Gleichgewichte, deren verschiedene Formen wir bislang nur beschrieben haben, erzeugt werden, wird in der genetischen Epistemologie unterschiedlich beantwortet. Der bekannteste Erklärungsversuch ist wohl der kybernetische Ansatz aus *Die Äquilibration der kognitiven Strukturen*.

Die Kybernetik ist eine Theorie der Selbstregulation von Systemen, die Mitte des 20. Jahrhunderts von Norbert Wiener (1894-1964) entwickelt und zunächst auf technische und biologische Systeme angewandt wurde. Piagets theoretischen Absichten kommt sehr entgegen, dass sie – wie die mathematische Gruppentheorie oder Bourbaki-Mathematik – eine Theorie der formalen, nichtmateriellen Eigenschaften von Systemen ist und sich also auf alle möglichen Strukturen anwenden lässt. Hierin ähnelt sie Piagets strukturalem Ansatz. Die Kybernetik erfasst das Verhalten von Maschinen im weitesten Sinne in Form von geregelten zyklischen Transformationen. (Ashby 1974) Einen ihrer wichtigsten Forschungsgegenstände bilden Kommunikationsprozesse innerhalb von Systemen und der Austausch von Information, wie er zur Steuerung beispielsweise von Computern, Bienenstaaten, menschlichen Gemeinschaften oder kognitiven Systemen notwendig ist.

Piaget hat in seinem Spätwerk versucht, Gleichgewichtsprozesse als zyklische Steuerungsmechanismen im Sinne der Kybernetik zu deuten. Ob ihm dieses Vorhaben geglückt ist, soll hier nicht beurteilt werden. Die Aufmerksamkeit soll vielmehr auf einen anderen Punkt gelenkt werden. Die kybernetische Orientierung widerspricht einigen der in den vorangegangenen Abschnitten erläuterten Grundannahmen der genetischen Epistemologie – insbesondere dem Versuch, Entwicklungsprozesse als epigenetisch und Erkenntnis und Erfahrung als Auseinandersetzung des Menschen mit der Welt zu verstehen. Die Kybernetik behandelt nur so genannte determinierte Maschinen, deren Ablauf prinzipiell vorherbestimmt ist, wohingegen für Piagets epigenetischen Ansatz das Auftreten neuer Möglichkeiten eine zentrale Bedeutung hat und deswegen im Zentrum stehen muss. Dass kybernetische Autoregulation als automatisch gedacht werden muss, schränkt zudem die spontane subjektive Aktivität ein. Auch Piaget nennt Funktionen wie Assimilation und Akkommodation, Äquilibration und Abstraktion ›Mechanismen‹, deutet sie aber stets als aktive, nichtautomatische Leistungen des Menschen.

Überträgt man schließlich die These, dass kybernetische Maschinen informational geschlossen sind oder nur ganz bestimmte, im Vorhinein definierte Information und Informationskanäle zulassen, auf den Bereich der geistigen Strukturen, so zerreißt dies den Bezug des Verhaltens und Erkennens auf Realität. Verglichen mit Piagets Grundannahme, dass Erfahrung ein Wechselspiel von Subjekt und Objekt ist, bedeutet die kybernetische Äquilibrationstheorie also sowohl einen Subjektivismus als auch einen Objektivismus: einen Verzicht auf den Beitrag des Objekts zur Erkenntnis einerseits wie auch auf den Beitrag des erkennenden Subjekts andererseits. Beide untergraben Piagets ursprüngliche Absicht, Erkenntnis an Realität zu binden, die

Wirkungen des Objektiven in der Erkenntnis aufzusuchen und die aktive Konstruktion von Strukturen durch das Erkenntnissubjekt nachzuvollziehen.

Piaget hat in seinem Werk noch weitere Gleichgewichtstheorien entworfen, etwa einen primär beschreibenden Ansatz oder die genetische Theorie der zyklischen Prozesse von biologischen Rhythmen, präoperationalen Regulierungen und operationalen Gruppierungen oder Gruppen.[40] Mit ihnen vermeidet er die Schwierigkeiten des kybernetischen Ansatzes. So berücksichtigt er hier sowohl Objektives – die vitalen Rhythmen und psychischen Regulierungen – als auch Subjekthaftes – reversible Gruppierungen und Gruppen. Er hält diese Ansätze jedoch für unzureichend, da sie nur eine retrospektive Aufklärung, nicht aber eine progressive Vorhersage und Erklärung von Erkenntnis erlauben. Dies leistet in seinen Augen nur der kybernetische Ansatz.

Die Äquilibrationstheorie belastet, wie wir sehen können, die genetische Epistemologie mit einigen Schwierigkeiten. Sie steht im Widerspruch zu einigen von Piagets Grundannahmen und sogar zum empirischen Beobachtungsmaterial aus Psychogenese und Wissenschaftsgeschichte. Am Begriff der Äquilibration wird erkennbar, dass es Piaget nicht immer gelingt, die Spannungen zwischen den biologischen Grundlagen und den mathematiktheoretischen und epistemologischen Ambitionen seiner Erkenntnistheorie oder zwischen dem interaktionistischen Erfahrungsbegriff und dem Versuch, Erkenntnis zu erklären, produktiv umzumünzen.

Reflektierende Abstraktion

Der Begriff der reflektierenden Abstraktion ist ein wichtiges Instrument, um die von vorhandenen Strukturen ausgehende Konstruktion neuer Strukturen zu erläutern. Die philosophische und erkenntnistheoretische Relevanz dieses Begriffs ist sehr hoch, da Piaget mit ihm eine wirkliche Alternative zu philosophischen Abstraktionstheorien entwickelt.

Abstraktion ist ein erkenntnisphilosophisches Grundproblem. Empirie geht von Wahrnehmungen oder Anschauungen aus. Diese präsentieren eine vielfältige Wirklichkeit, aber sind vereinzelt. Wie kann man aus ihnen allgemeine Begriffe oder Gesetze ableiten? Wie zum Beispiel soll man aus der Erfahrung den Begriff der logischen Notwendigkeit ableiten können? Wie gelangt man mithilfe weniger Versuche zur Fallgeschwindigkeit von Gegenständen zur Formulierung eines abstrakten Fallgesetzes? Kann der Begriff des regelmäßigen Tausendecks aus der Erfahrung stammen? Dass in den empirischen Wissenschaften immer nur eine kleine Anzahl der möglichen Ereignisse, die unter den Begriff oder das Gesetz fallen, geprüft werden kann, führt zum so genannten Induktionsproblem: Wann – wenn überhaupt – ist der Schluss von Einzelfällen (mehr als solche kann die Erfahrung nicht geben) auf ein allgemeines Gesetz gerechtfertigt?

Piaget versucht das Induktionsproblem zu lösen, indem er zwischen empirischer und reflektierender Abstraktion bzw. physikalischer und mathematisch-logischer Erfahrung unterscheidet.[41] Empirische oder einfache Abstraktion bezieht sich auf Klassen von Gegenständen und deren physische Eigenschaften. Sie beruht auf Erfahrung dieser Gegenstände und dient dazu, deren besondere Natur zu erforschen.

Erkenntnis ist aber mehr als Anhäufung von Tatsachen, und zwar aktive theoretische Verknüpfung und Interpretation dieser

Tatsachen. Dem trägt die reflektierende Abstraktion (oder logisch-mathematische Erfahrung) Rechnung. Sie abstrahiert nicht von Objekten, sondern von Operationen des Subjekts und hierbei wiederum besonders von deren Koordination, der Verbindung von Handlungen in Zeitverhältnissen, Mittel-Ziel-Beziehungen, Zuordnungen sowie logischen Klassen und Relationen. Reflektierende Abstraktion führt dazu, dass diese Tätigkeiten und Koordinationen verfügbar werden. Piaget schreibt hierzu: »Der fundamentale genetische Prozeß, der ausgehend von einer vorangegangenen die Konstruktion einer neuen Struktur erlaubt, ist derjenige der ›reflektierenden Abstraktion‹. Sie besteht darin, den niedrigeren Strukturen bestimmte Elemente zu entnehmen und sie auf neue Operationen zu übertragen, indem man sie in einer höheren Struktur verallgemeinert. Wir beobachten nun, daß ein solcher Prozeß in sich selbst zugleich progressiv (neue Operationen und Strukturen) und retroaktiv ist (Abstraktion von der früheren Struktur).«[42] Das Besondere dieser Abstraktionsform ist, dass sie dem Verhalten und Erkennen zugrunde liegende, implizite Strukturen verfügbar macht. Deren Elemente können dann neu kombiniert und zu höheren und umfassenderen Ganzheiten mit neuen Eigenschaften gestaltet werden, und dies ermöglicht auch Allgemeinbegriffe.

Piaget bezeichnet die beiden Leistungen der reflektierenden Abstraktion als Reflexion und Konstruktion. Zu reflektieren bedeutet, Abstand von den impliziten, funktionierenden Strukturen zu gewinnen und sich bewusst zu machen, dass und wie eigene Strukturen in Erfahrung und Erkenntnis eingegangen sind. Es heißt allerdings nicht notwendig, dass die Strukturen bewusst verfügbar werden. (Piaget 1976) Durch Konstruktion werden neue Strukturen aufgebaut und zu wirksamen Erfahrungs- und Erkenntnisformen. Piaget geht davon aus, dass in diesem Stufenbau höhere die jeweils vorangegangenen Strukturen begründen können, indem sie diese in ein allgemeines Bezugssystem einbinden.[43] Reflektierende Abstraktionen mit diesem zweifachen Ergebnis – Begründung oder Rekonstruktion einer bereits vorhandenen und Aufbau einer neuen Struktur – lassen sich nicht nur in der Psychogenese, sondern auch im wissenschaftlichen Vorgehen finden, wo sie ebenfalls den Übergang auf höhere Stufen der Erkenntnis markieren.[44] Strukturell ähnliche Prozesse finden sich auch schon auf biologischer Ebene im systematischen Aufbau des Organismus aus Untersystemen. Ähnlich wie die Mechanismen von Assimilation, Akkommodation und Äquilibration steht auch die Abstraktionsfunktion unter dem Primat der Kontinuität von organischer, psychischer und epistemischer Entwicklung.

Mit diesen Überlegungen befreit Piaget die genetische Epistemologie von den Schwierigkeiten der empiristischen Abstraktionstheorie, insbesondere dem Induktionsproblem. Erfahrung ist nicht, wie die Empiristen behaupten, aus isolierten Sinnesempfindungen zusammengesetzt, sondern durch Strukturen, komplexe und zumeist operationale Ganzheiten, gekennzeichnet. Folglich ist eine Form von Abstraktion denkbar, die von den jeweiligen Strukturen abstrahiert, welche die Bedingungen des Erfahrens und Erkennens darstellen, und deren Begriffe bildet. Diese Begriffe werden nun selbst zu konstitutiven Strukturen. Die menschlichen Erfahrungs- und Erkenntnisstrukturen sind, wie sich hier noch einmal deutlich zeigt, nicht ein für alle mal festgelegt. Konstanten bilden lediglich die funktionellen Invarianten wie Assimilation, Akkommodation, Äquilibration und reflektierende Abstraktion.

Hervorzuheben bleibt noch, dass Piaget sich mit seiner Theorie der reflektierenden Abstraktion nicht nur gegen den Empirismus wendet. Er lehnt auch Ansätze ab, die Erkenntnis aufgrund der Relativität aller Erkenntnisstrukturen als eine willkürliche Konstruktion von Welt verstehen. Zwar hat jede Entwicklung bestimmte Freiheiten, ist aber nie ein gänzlich freies Spiel des Subjekts, sondern an die bereits vorhandenen Strukturen und den erfahrenden oder handelnden Austausch dieser Strukturen mit Welt gebunden.

Dezentrierung

Der Begriff der Dezentrierung dient Piaget zu verschiedenen Zwecken: Mit seiner Hilfe beschreibt er die großen Schritte der Psychogenese der Erkenntnis und er verwendet ihn als Kriterium wahrer Erkenntnis und als einen Anhaltspunkt für die theoretische Erklärung der Entwicklung des Erkennens. Damit bildet er eine Ergänzung und vielleicht sogar eine Alternative zur Äquilibrationstheorie und zur reflektierenden Abstraktion.

In seiner beschreibenden Funktion bezieht sich der Begriff der Dezentrierung auf Piagets Beobachtung, dass das Denken in der Ontogenese immer weniger und weniger subjektiv wird. Die Weltsicht des Säuglings beschreibt Piaget als solipsistisch oder radikal egozentrisch, und auf der präoperationalen Stufe dominiert die Gebundenheit an die eigene Anschauung. Mit der konkretoperationalen Stufe nimmt der Egozentrismus stark ab. Erkenntnis wird Schritt für Schritt unabhängiger von der subjektiven Perspektive.

Im empirischen Teil dieser Einführung wurden die wichtigsten Dezentrierungen bereits erläutert. Die erste und bedeutungsreichste hat Piaget als eine kopernikanische Wende bezeichnet – den Prozess, in dem das Kind überhaupt ein Bewusstsein seiner selbst und von ihm unterscheidbarer äußerer Objekte aufbaut. Die Bezeichnung »kopernikanische Wende« verweist zweifach auf die erkenntnistheoretische Bedeutung, die Piaget dieser epigenetischen Neuerung zugesprochen hat: Das kopernikanische Weltbild in der Astronomie ist – so die typische Interpretation – eine der wissenschaftlichen Errungenschaften, mit denen die antitheologische und antimetaphysische Neuzeit und ihre zugleich empirische und mathematische Physik eingeleitet wird. Als zweiter Ursprung dieser Bezeichnung ist die Verwendung dieses Begriffs durch den deutschen Philosophen Immanuel Kant zu sehen, der damit die erkenntnistheoretische Wende in der Philosophie, die Rückwendung auf das Subjekt, bezeichnete. Auf dieses Thema wird im sechsten Kapitel ausführlicher eingegangen.

Eine weitere augenfällige Dezentrierung ist die mit dem Aufbau der praktischen Bewegungsgruppe einhergehende Einordnung des eigenen Leibes als Gegenstand in den objektiven Raum. Während die Wahrnehmung perspektivisch ist, hat der durch die praktische Bewegungsgruppe, also durch Vektoren, erschlossene dreidimensionale Raum keinen ausgezeichneten Nullpunkt und ist damit auch keiner besonderen Perspektive unterworfen. Der eigene Körper ist nun ein – mit gewissen faktischen Einschränkungen – beliebig bewegbares Objekt. In der späteren Entwicklung sind die Entsubjektivierung der Vorstellungen in der konkretoperationalen Phase und der formaloperationale Übergang von der konkret erfahrenen Wirklichkeit zur bloßen Möglichkeit von Welt besonders erwähnenswert.

Nachdem die Differenz von Ich und Welt, von Subjektpol und Objektpol des Handelns und Erkennens gebildet wurde, differenzieren sich subjektive und objektive Anteile immer klarer voneinander. Durch reflektierende Abstraktion werden Anteile der subjektiven Strukturen an der Erkenntnis bewusst und können immer genauer von den Wirkungen der Außenwelt unterschieden werden.

Piaget zufolge ist die Geschichte wissenschaftlicher Erkenntnis durch ähnliche Dezentrierungen gekennzeichnet: »von den sogenannten primitiven Völkerstämmen, die durch jahreszeitliche Feste den Lauf der Sterne zu regeln glaubten, oder vom Geozentrismus Aristoteles' bis Newton, der seine Raum- und Zeitmessungen noch für absolute Werte hielt, und bis Einstein, der uns von diesen letzten Zentrierungen befreit hat (die letzten bis zu den nächsten Dezentrierungen).« (WI, S. 181) Keine Dezentrierung kann je vollständig sein. Auf jede scheinbar letzte Erkenntnisstruktur – wie im obigen Beispiel die Relativitätstheorie – kann reflektiert und damit von ihr abstrahiert werden.

Dezentrierung ist auch eine Voraussetzung von Erkenntnis. Eine Erkenntnis kann nur wahr sein, wenn sie sich von subjektiven Anteilen befreit, die zu Verzerrungen führen. Wenn auch eine vollständige Dezentrierung der Erkenntnis wohl niemals erreicht werden kann, so muss doch, so Piaget, die Entwicklung der Wissenschaften wie diejenige der Psychogenese zumindest die Richtung zunehmender Entsubjektivierung nehmen.

Piagets Annahme, Entwicklung habe grundsätzlich einen dezentrierenden Verlauf, hat ähnlich wie die verwandte Unterstellung einer majorierenden Äquilibration Kritik auf sich gezogen. Es lässt sich wohl schwer bezweifeln, dass Erkennen im Verlauf der kindlichen Entwicklung objektiver wird. Aber es ist durchaus fraglich, ob sich ein solcher Fortschritt auch in der Wissenschaftsentwicklung finden lässt. Sicher werden durch reflektierende Abstraktion von fungierenden Strukturen eben diese strukturellen subjektiven Voraussetzungen von Erkenntnis und ihre Implikationen bewusst gemacht. Aber muss dabei die Bewusstheit oder Dezentrierung immer größer und umfassender werden? Ebenso ist denkbar, dass jede Bewusstwerdung durch ein entsprechendes Aus-dem-Blick-Geraten erkauft wird, Perspektivität und Dezentrierung also in einer unaufhebbaren dialektischen Beziehung zueinander stehen. (Zeil-Fahlbusch 1983)

Verhalten und Bewusstsein

Piaget ist Pragmatist: Für ihn sind Handlungen ein wesentliches Moment von Denken und Geist. Der Begriff des Bewusstseins spielt eine erheblich geringere Rolle. Zu verstehen, was Verhalten und Bewusstsein in der genetischen Epistemologie bedeuten, ist jedoch schwierig, da keiner der beiden Begriffe für Piaget zentral ist. Dennoch sollen sie hier berücksichtigt werden, weil sich an ihnen besonders deutlich zeigen lässt, wie Piaget die traditionelle Erkenntnistheorie umwandelt. Anders als diese legt er das Hauptaugenmerk auf das Verhalten oder die Handlung anstelle des Bewusstseins und versucht, Erkennen als Verhalten und nicht als Bewusstseinsakt verständlich zu machen. Er ist der Überzeugung, »man könne das Bewußtsein nur verstehen, wenn man es im Zusammenhang mit dem ›Gesamtverhalten‹ sieht« (EWM, S. 27).

In diesen Überlegungen greift Piaget Grundannahmen seiner psychologischen Lehrer Pierre Janet (1859-1957) und Édouard Claparède (1873-1940) auf. Er bezieht sich aber auch auf Motive aus einer anderen, bekannter gewordenen Schule der Psychologie, den Behaviorismus. Die Behavioristen waren der Ansicht, das menschliche Bewusstsein sei kein sinnvoller Gegenstand wissenschaftlicher Forschung. Da es nur dem jeweiligen Menschen selbst zugänglich ist, kann es nur durch Selbstbeobachtung erfasst werden, die anfällig für subjektive Verzerrungen und so keine Grundlage für eine objektive Naturwissenschaft ist. Als geeignetere Grundlage der Psychologie erschien ihnen das Verhalten von Menschen und Tieren. Es kann von außen beobachtet werden, lässt sich leicht experimentell manipulieren und man kann es messen (Reaktionshäufigkeiten, Reaktionszeiten, Fehler, Bewegungstrajektorien), so dass die – äußerst erfolgreichen – Methoden der objektiven Naturwissenschaften auf die

Psychologie übertragen werden können. Nach deren Vorbild führten die Behavioristen streng kontrollierte Lernexperimente durch, erhoben objektive und quantitative Reaktionsmaße und ermittelten aus diesen die Gesetze des Lernens. Durch diese Wende zum Verhalten wollten sie alles Unwissenschaftliche und Philosophische – Intuition, Spekulation, Metaphysik – aus der Psychologie verbannen.

Piaget kritisiert die introspektive oder intuitive Erfassung des Bewusstseins auf ähnliche Weise. Er stimmt dem Behaviorismus in seiner Kritik von angeblich spekulativen und metaphysischen Resten in der Psychologie prinzipiell zu, wobei er übrigens mit diesen Begriffen ähnlich großzügig und undifferenziert verfährt wie dieser. Zugleich wendet er sich aber kritisch gegen den Behaviorismus. Die Behavioristen definieren Verhalten als einen physikalischen Reiz-Reaktions-Ablauf, der durch physiologische oder mechanisch-physikalische Begriffe beschrieben und erklärt werden soll. Für Piaget stellt dies eine erhebliche Verengung dar.

Schon das einfachste Verhalten – der Reflex – ist mehr als eine physikalische Bewegung. Er hat nach Piaget einen Ganzheitscharakter, der nicht durch Aneinanderknüpfen von Reizen und Reaktionen beschrieben werden kann. Viel mehr noch gilt dies für die höheren Verhaltensweisen, in denen komplexe Strukturen zum Ausdruck kommen. Ferner hat Verhalten immer eine vermittelnde Funktion – es vermittelt zwischen der Welt und dem Ich. Deswegen ist es weder ein Ding noch Bewusstsein, sondern, wie Piaget treffend formuliert, eine »gemischte Realität« (EE III, S. 152; vgl. auch PI, S. 170). Es ist weder ein Bewegungsablauf in der äußeren Welt noch eine motorische Hülle für das Bewusstsein. Die Überzeugung, Verhalten sei eine Auseinandersetzung des Menschen mit der Natur, teilt Piaget mit dem dialektischen Materialismus, mit dessen Hilfe man sein Verständnis von Handlung und von Erkenntnis als Handlung übrigens auch besser rekonstruieren kann als mit behavioristischen Grundannahmen.

Den Kern des Verhaltens bildet dessen innere Koordination, Struktur oder auch Logik, also im einfachsten Fall das Wiederholbare der Handlung und in komplexeren Fällen einschließlich des Erkenntnisverhaltens mathematische Strukturen. Durch diese Überzeugung grenzt sich die genetische Epistemologie klar vom Behaviorismus ab. Gleichermaßen wendet Piaget sich hier auch gegen bewusstseinsphilosophische Ansätze, für die die Konstitution von Sinn ausschließlich dem Bewusstsein zukommt, während das Verhalten keine eigene Bedeutung hat.

Verhalten ist bei Piaget ein sehr weiter Begriff. (Vgl. Kap. 3.2 und Kap. 4.4) Seine Formenvielfalt reicht vom Instinkt und Reflex über die verschiedensten kindlichen Handlungsweisen bis hin zum Denken und zu Experiment und Deduktion in den Wissenschaften. Es umfasst die Tropismen der Pflanzen (vgl. BA, S. 112) und wäre vielleicht sogar auf die Physik auszudehnen – nicht weil Piaget etwa den Elementarteilchen Leben zusprechen wollte, sondern weil sich in seinen Augen physikalische Prozesse ähnlich wie das Verhalten des Kindes und das Erkennen des Wissenschaftlers als Transformationen deuten und in Strukturen erfassen lassen.

Der Bewusstseinsbegriff verlangt Piaget zufolge nach einer grundlegenden Revision, und es sind deutliche Tendenzen in der genetischen Epistemologie zu erkennen, auf ihn zu verzichten. Piaget übernimmt von den Psychologen Janet und Claparède die Annahme, Denken sei eine unbewusste Tätigkeit des Geistes. (Vgl. WI, S. 172) Diese Definition deutet eher auf ein Verhalten als einen Bewusstseinsakt hin. Zudem bleibt der Mechanismus des Denkens stets unbewusst, lediglich seine Resultate können bewusst werden. Hier macht sich möglicherweise ein später Einfluss der Psychoanalyse bemerkbar, deren Verständnis des Verhältnisses von Unbewusstem und Bewusstsein einige Ähnlichkeiten aufweist. (Piaget 1976) Dieses Verständnis des Unbewussten zeigt übrigens auch an, dass reflektierende Abstraktion nicht unbedingt zu Bewusstsein führen muss. So schreibt Piaget über ein Kind, das die Transitivität von Relationen aufgebaut hatte: »Aber das Kind realisiert nicht, daß es die Struktur der Transitivität konstruiert hat, und es glaubt, daß es schon immer auf genau diese Weise gedacht hat.«[45]

Bewusstwerdung von Strukturen bedeutet immer auch Reorganisation. Diese These Piagets führt zu einer kritischen Auseinandersetzung mit den introspektiven Methoden der Bewusstseinsphilosophie und -psychologie des 19. Jahrhunderts. Hier wurden die Funktionsweisen und Strukturen des menschlichen Denkens durch disziplinierte Beobachtung der Bewusstseinsvorgänge und deren unmittelbar anschauliche (introspektive oder intuitive) Erkenntnis erforscht. Piaget hält dies für ausgesprochen unsicher. Solche Methoden sind nicht nur unzureichend gegen subjektive Verzerrungen oder ungerechtfertigte Verallgemeinerungen geschützt, ihnen bleiben vor allem die genetischen Vorstufen verschlossen. Die Verwendung intuitiver und introspektiver Methoden sieht Piaget als einen Hauptgrund dafür an, dass die philosophische Erkenntnistheorie die Entwicklung des Erkennens vernachlässigt hat.

Piaget bezweifelt außerdem, dass innere Erfahrung unmittelbar ist und dass sie sicherer sein soll als diese. Seines Erachtens trifft für Introspektion und Intuition zu, was für jegliche Erfahrung gilt: Sie sind durch eine Geschichte und Strukturen vermittelt. »Es gibt keine unmittelbare Erfahrung der Denkmechanismen« (EE III, S. 261), keine unmittelbare Erfahrung des Denkens durch sich selbst. Auch die Denkmechanismen und -strukturen müssen und können durch reflektierende Abstraktion rekonstruiert werden.

Piaget verzichtet jedoch nicht gänzlich auf den Bewusstseinsbegriff. Während manche Behavioristen behaupten, die Vorstellung eines Bewusstseins sei ein Relikt aus der Zeit des Aberglaubens und der Magie (Watson 1986, S. 36), leugnet Piaget die Existenz des Bewusstseins keineswegs. Es ist aber dem Verhalten genetisch nachgeordnet und als ein Aspekt oder eine besondere Form von Verhalten zu verstehen. (Vgl. EE III, S. 256, und EWM, S. 109 f.) Seine wichtigste Funktion ist die plötzliche und kurzzeitige Bewusstwerdung, welche die reflektierende Abstraktion begleitet. Diese Bewusstwerdung besteht darin, »bestimmte Einheiten von einer unteren, unbewußten Ebene auf eine höhere Ebene zu bringen. [...] Mit der Bewußtwerdung wird vielmehr auf höherer Ebene das rekonstruiert, was in anderer Gestalt auf der unteren Ebene bereits vorhanden war.«[46]

Piaget hebt so noch einmal hervor, dass Erkennen eine Handlung ist, und zwar in seinen frühesten Stadien nicht anders als bei den abstraktesten wissenschaftlichen Erkenntnissen. Wenn auch der sensomotorischen Erkenntnis des Kindes noch die für wissenschaftliches Wissen unabdingbaren Merkmale von Objektivität fehlen mögen, so liegt doch zwischen diesen beiden Polen eine kontinuierliche Kette von Konstruktionen, so dass jeder Schnitt, mit dem definiert werden soll, wo wirkliche Erkenntnis beginnt, willkürlich und künstlich wäre. Erkenntnistheoretische Probleme des Verhältnisses von Subjekt und Objekt stellen sich, wie rudimentär diese beiden Pole auch immer vorhanden sind, auf allen Stufen der Entwicklung. (Vgl. EE III, S. 259)

Noch einmal: Die genetische Perspektive

Wenn Piaget von seinen Untersuchungen als genetischen Forschungen spricht, so meint er damit nicht eine Spezialwissenschaft in dem Sinne, wie etwa von der Psychologie die Entwicklungspsychologie als deren Teilgebiet unterschieden wird. Seine genetische Perspektive ist vielmehr grundsätzlich. Sie hat in allen Wissenschaften einschließlich der Mathematik und der Erkenntnistheorie eine konstitutive Bedeutung, und selbst wenn sie nicht in jedem Teilgebiet nötig ist, wird sie doch spätestens dort relevant, wo wissenschafts- oder erkenntnistheoretische Fragen aufgeworfen werden.

Ein großer Teil der von Piaget untersuchten Phänomene ist Entwicklungen unterworfen. Vornehmlich heißt dies, dass alle physischen, psychischen, wissenschaftlichen und epistemologischen *Strukturen* genetische Produkte sind. In Entwicklungsprozessen werden Piaget zufolge nicht nur neue Strukturen hervorgebracht, sondern, wie wir gesehen haben, auch solche mit neuen und verbesserten Eigenschaften. Die *Funktionen* von Assimilation, Akkommodation, Äquilibration und reflektierender Abstraktion entwickeln sich insofern nicht auffällig, als sie angefangen beim lebendigen Organismus bis hin zu den abstraktesten theoretischen Erkenntnissen auftreten. Piaget bezeichnet sie deswegen als unerlässliche funktionale Voraussetzungen für vitale Funktionen, Verhalten und Erkenntnis. Dennoch ist beispielsweise ein koordiniertes Zusammenspiel von Assimilation und Akkommodation nicht von Anfang an möglich, sondern muss erst aufgebaut werden. Auch die Äquilibrationsfunktionen erwecken nur auf den ersten Blick den Eindruck, keiner Genese zu unterliegen. So hat Piaget innerhalb der Psychogenese auf aufeinanderfolgenden Stufen äquilibrierende Rhythmen, Regulierungen, Gruppierungen und Gruppen unterscheiden können. Nicht zuletzt macht er auch für so grundsätzliche erkenntnistheoretische Begriffe wie Bewusstsein, Subjekt und Objekt geltend, dass sie Produkte genetischer Prozesse sind. Der Begriff der Erkenntnis ist für ihn entsprechend nicht auf deren wissenschaftliche Formen begrenzt, da man diese nicht durch ein allgemein gültiges Kriterium von anderen Erkenntnisformen, denen sie genetisch verwandt sind, abgrenzen kann. In Piagets Augen ist es sinnvoll und notwendig, bereits bestimmte Handlungen des Säuglings und die Anpassung des Organismus an seine Umwelt als Erkenntnisversuche zu verstehen.

Obwohl in solchen gegenstandsbezogenen Überlegungen schon hinreichend deutlich wird, warum Piaget die genetische Perspektive in den Wissenschaften für notwendig hält, hat sie doch noch eine zusätzliche, eher methodologische Bedeutung. Allein die genetische Perspektive lässt nach Piagets Überzeugung wissenschaftliche Erklärungen zu, »da eine Struktur nur durch ihren Entwicklungsprozeß begreiflich wird« (EWM S. 49). Eine Hauptaufgabe der Wissenschaften ist demzufolge die Bestimmung der Ursachen und Gründe, die für die genetische Konstruktion von Strukturen verantwortlich gemacht werden können. Diese Suche nach Entwicklungsfaktoren ist für Piaget gleichbedeutend mit wissenschaftlichen Erklärungen und wissenschaftlicher Erkenntnis. (Vgl. EWM, S. 118) Wenn Piaget solche Erklärungen »kausal« nennt, deutet dies weniger darauf hin, dass er die genetischen Forschungen der Epistemologie der mechanistischen Physik und deren Erklärung des Wirklichen anhand von Kausalverhältnissen unterordnen oder angleichen will. Es ist vielmehr eines der verschiedenen Zeichen dafür, dass Piaget sich strengen wissenschaftlichen Vorgehensweisen verpflichtet. Auf der methodischen Seite wendet er sich folglich von Theoretikern ab, die behaupten, dass zwischen den Methoden der Naturwissenschaften – etwa Erklärung – und denjenigen der Geisteswissenschaften – etwa Verstehen oder Einfühlung – ein unaufhebbarer Unterschied besteht.

Um Piagets Epistemologie richtig einschätzen zu können, sollte jedoch zwischen Genese und Geschichte unterschieden werden. Unter Genese sind die rational aufklärbaren Vorstufen von Strukturen zu verstehen, die erklärbaren Vorbedingungen von Erkenntnis, die phylogenetische Evolution und psychogenetische Entwicklung von Begriffen und Strukturen, welche den Gegenstand von Piagets Untersuchungen bilden. Geschichte hingegen umfasst all diejenigen historischen Bedingungen, die sich dieser Erfolgsgeschichte nicht fügen. Piaget genetisiert die Erkenntnistheorie, aber er wehrt sich dagegen, in ihr eine historische Perspektive einzunehmen.

5. Piaget als Erkenntnistheoretiker

Im Folgenden werden die erkenntnistheoretischen Grundannahmen der genetischen Epistemologie noch einmal zusammengefasst, erläutert und um wichtige Aspekte ergänzt. Um zu illustrieren, aus welchen Traditionen sein Denken sich speist, wird Piagets Ansatz einleitend in den Kontext philosophischer Erkenntnistheorien gerückt.

Zu den Merkmalen des philosophischen Denkens der Neuzeit zählt, dass die Erkenntnistheorie als »prima philosophia«, als erste und grundlegende Philosophie, angesehen wird. Die Philosophie wendet sich sowohl von der antiken Ontologie als auch der mittelalterlichen Theologie ab. Seit Beginn der Neuzeit trennen sich zudem Philosophie und Wissenschaften voneinander. Sie entwickeln sich zu zwei zunehmend unabhängigen, oft sogar einander entgegengesetzten Erkenntnisweisen. Beide Tendenzen kann man im Werk des französischen Philosophen und Naturwissenschaftlers René Descartes (1596-1650), eines herausragenden Denkers der Frühen Neuzeit, erkennen.

Descartes hatte einerseits beobachtet, dass das Wissen seiner Zeit unsicher und widersprüchlich war. Dogmatische Lehrmeinungen und der Streit um sie spielten eine erhebliche und der Erkenntnis nicht würdige Rolle. Andererseits hatte er als Schüler die astronomischen und physikalischen Entdeckungen Galileis und anderer Naturwissenschaftler kennen gelernt. Sie weckten in ihm große Hoffnungen: Ließe sich derartige naturwissenschaftliche Forschung prinzipiell von dogmatischen Kontroversen befreien und auf ein sicheres methodisches Fundament stellen, so sollten sich ihr faszinierende und unbegrenzte Erkenntnismöglichkeiten bieten. Das verlangte allerdings ein Fundament ohne Lehrmeinungen und ohne Dogmatik.

Descartes entwickelt eine strenge methodische Zweifels-Strategie, durch die vermeintliches oder unsicheres Wissen entlarvt werden soll[47], und kommt mit ihr zu dem Schluss, dass fast alles, was für Wissen gehalten wird, sich bezweifeln lässt. Er bringt für diese radikale Aussage mehrere Argumente bei. Erstens lassen sich alle aus der Erfahrung gewonnenen Behauptungen bezweifeln. Der Grund dafür ist, dass die Wahrnehmung irreführen kann, wofür Wahrnehmungstäuschungen zahlreiche Beispiele bieten. Zweitens kann auch die jeglicher Wahrnehmung immanente allgemeine Annahme, dass überhaupt eine Welt existiert, nicht den Anspruch auf Unbezweifelbarkeit erfüllen. Was – außer der zweifelhaften Wahrnehmung selbst – garantiert, dass nicht meine gesamte Erfahrung ein gegenstandsloser Traum ist? In einem speziellen Gedankengang ficht Descartes schließlich noch die erfahrungsunabhängige Sicherheit mathematisch-logischen Schließens an. Dazu führt er die Möglichkeit eines allmächtigen und bösen Dämons ein, der den Menschen über mathematische Einsichten täuscht. Da weder die Erfahrungs- noch die mathematische Erkenntnis unbezweifelbar ist, bleibt vom traditionellen Wissen nichts, das als Fundament der neuen Wissenschaften dienen könnte.

Im nächsten Schritt macht Descartes jedoch eine Entdeckung von großer historischer Bedeutung. Als er versucht, die Methode des Zweifels auch auf diesen selbst anzuwenden, stellt er fest, dass er nicht bezweifeln kann, dass er diesen Zweifel übt: Dass ich denke, wenn ich zweifle, und dass ich als Denkender bin, daran kann nicht gezweifelt werden. »Cogito, ergo sum«, heißt ein berühmt gewordener Ausspruch Descartes': Dass ich denke, bedeutet, dass ich bin.[48] Mein Denken kann nicht bezweifelt werden.

Diese Selbstgewissheit des Denkens bildet den Ausgangspunkt und das Fundament von Wissen. Sie zieht eine Unterscheidung zwischen der inneren Erfahrung des Denkens durch sich selbst und der äußeren Wahrnehmung der Welt nach sich. Descartes geht davon aus, dass diesen Erfahrungsweisen zwei ›Substanzen‹ oder Arten des Seins entsprechen, die materielle äußere Welt (res extensa, ausgedehnte Substanz) und das Denken oder der Geist (res cogitans, denkende Substanz). Dieser Dualismus zweier völlig verschiedener Substanzen hat das Denken der Neuzeit sehr stark geprägt.

Der menschliche Geist, das denkende Bewusstsein oder die Vernunft, bildet also für Descartes das Fundament und erste Prinzip allen Wissens. In einem komplexen Gedankengang leitet er aus ihm die Existenz der Außenwelt und die Grundlagen der mathematischen Naturwissenschaften ab. Sein eigentliches Interesse – er war auch Naturforscher und Mathematiker – gilt den Letzteren. Der systematischen Erforschung des Bewusstseins hat er nur einen sehr geringen Teil seiner Überlegungen gewidmet, und vor allem ist er hier erstaunlicherweise nicht mit den mathematischen und experimentellen Methoden der Naturwissenschaft vorgegangen. Dennoch läutet seine Entdeckung der Unbezweifelbarkeit des »cogito« die Erkenntnistheorie und Subjektivitätsphilosophie der Neuzeit ein.[49] Eine systematische Theorie des menschlichen Erkennens, seiner Möglichkeiten und Grenzen, seiner Form und seiner Bedeutung wird von nun an als Grundlage und Voraussetzung der Wissenschaften angesehen. Die Philosophie hat die Aufgabe, Erkenntnistheorie zu sein und wissenschaftliches Wissen zu reflektieren, zu kritisieren und zu begründen.

Das erkenntnistheoretische Grundproblem ist die Frage, wie subjektive Vorstellungen mit objektiver Realität übereinstimmen können und ob (oder wie) diese Übereinstimmung prinzipiell gesichert werden kann. In der cartesianischen Tradition, die die Neuzeit bis weit ins 20. Jahrhundert prägt, stellt sie sich in besonderer Schärfe: Materielle Realität und Denken oder Bewusstsein sind grundsätzlich voneinander verschieden und haben nichts miteinander gemein. Das erkennende Subjekt, das im »cogito« zum Ausdruck kommt, befindet sich jenseits der äußeren Wirklichkeit (zu der auch der menschliche Körper zählt). So wie dieses Bewusstsein als weltlos verstanden werden muss – der Phänomenologe Edmund Husserl hat es viel später als das »Residuum der Weltvernichtung« (Husserl 1976, S. 103) bezeichnet –, so ist auf der anderen Seite die Natur für das cartesische Denken reines Ausgedehntsein, bewusstlos, leblos, mathematisch berechenbar. Die Philosophie erforscht das weltlose Subjekt, um die mechanisierte äußere Natur – zu der neben der leblosen Materie auch die lebendigen Organismen gehören – kümmert sich die nun aufkommende mathematische und mechanistische Naturwissenschaft.

Descartes hat hiermit eine wichtige Weichenstellung geleistet. Er hat dazu beigetragen, dass sich die naturwissenschaftliche Forschung von der Philosophie löste, indem er ihr methodische Regeln und ein Fundament von Grundannahmen vorgab. Diese Verselbständigung der Wissenschaften lässt sich seit dem späten Mittelalter beobachten. Zu den Vorläufern Descartes' gehören Francis Bacon (1561-1626) und Galileo Galilei (1564-1642). Bacon regte dazu an, anstelle des bislang üblichen eher zufälligen Ansammelns von Beobachtungen empirische Forschung systematisch zu betreiben. Ein entscheidender Schritt gelang Galilei mit seiner methodisch revolutionären Idee, Naturvorgänge mithilfe mathematischer Gesetze und durch experimentelle Manipulation zu erforschen. Die Naturbeobachtung erfolgt nun systematisch innerhalb eines vom Wissenschaftler vorgegebenen Rahmens.

Piagets genetische Epistemologie hat an diesen beiden Grundideen teil: Sie versucht, die Möglichkeit von Erkenntnis zu erklären, indem sie sich dem Subjekt zuwendet, und sie ist zugleich eine primär methodisch bestimmte, mathematische Wissenschaft. Mit Descartes teilt Piaget auch den grundsätzlichen Rationalismus und engen Begriff von Denken sowie den aufklärerischen Impuls. Sein Begriff von Mathematik ist jedoch erheblich weiter als bei Descartes, und physische Welt und Bewusstsein oder Denken sind für ihn keineswegs unterschiedliche Seinsbereiche. Dementsprechend fällt auch die Zweiteilung in Wissenschaften von der Außenwelt und Philosophie der Erkenntnis fort.

Descartes geht davon aus, dass zur res cogitans angeborene Ideen oder Prinzipien gehören, die für die Begründung von Erkenntnis fruchtbar gemacht werden können, dass also, um die Ausdrucksweise Piagets zu verwenden, das Bewusstsein eine eigene Struktur aufweist. Diese Vorstellung wird von den britischen Empiristen, insbesondere John Locke (1632-1704) und David Hume (1711-1776), kritisiert, obschon sie mit Descartes die Überzeugung teilen, eine Rückwendung auf das Bewusstsein sei für die Begründung der Wissenschaften unerlässlich. Anders als Descartes naturalisieren sie das Bewusstsein explizit und machen es damit zu einem Gegenstand empirisch-wissenschaftlicher Forschung.

Nach Lockes Ansicht ist das menschliche Bewusstsein ein »unbeschriebenes Blatt« (Locke 1690/1976, S. 107), das erst im Laufe der Erfahrungsgeschichte mit Sinneseindrücken beschrieben wird. Aus solchen elementaren Sinnesdaten werden durch äußere und innere Erfahrung – Sinneswahrnehmung und Reflexion – alle allgemeinen und komplexen Vorstellungen und sämtliches Wissen Schritt für Schritt aufgebaut. Lockes Abhandlung *Über den menschlichen Verstand*, in der er diese Ideen entwickelt, gilt als das erste erkenntnistheoretische Werk im engeren Sinne, weil hier die Erkenntnistheorie, anders als bei Descartes, nicht nur angedeutet, sondern auch entfaltet wird.

Verschärft wird dieses Denken durch Hume, der die empirische Wissenschaft von der menschlichen Natur, die bereits bei Locke die Erkenntnistheorie begründete, nach dem Vorbild der Newtonschen Physik reformieren und sogar zum Vorbild aller anderen Wissenschaften machen will. Hume formuliert programmatisch: »Wenn wir hier den Anspruch erheben, die Prinzipien der menschlichen Natur klarzulegen, so stellen wir damit zugleich ein vollständiges System der Wissenschaften in Aussicht. [...] Wie die Lehre vom Menschen die einzig feste Grundlage für die anderen Wissenschaften ist, so liegt die einzig sichere Grundlage, die wir dieser Wissenschaft geben können, in der Erfahrung und Beobachtung.« (Hume 1739/1973, S. 4)

Humes Erfahrungsbegriff ist nach dem Vorbild der zeitgenössischen mechanistisch-atomistischen Physik gebildet. Erfahrung besteht aus einer Kette unverbundener elementarer Sinnesdaten. Alle Gegenstände der wissenschaftlichen Forschung, darunter auch das Ich des Menschen, müssen aus solchen Erfahrungsatomen erschlossen oder konstruiert werden. Verbindungen und Einheit stiftet das Prinzip der Assoziation, der gewohnheitsmäßigen Verknüpfung zeitnah gegebener Sinnesdaten oder Empfindungselemente miteinander. Diese Vorstellung prägt auch das Menschenbild des klassischen Empirismus. Hume behauptet von den Menschen, »daß sie nichts sind als ein Bündel oder Zusammen verschiedener Perzeptionen, die einander mit unbegreiflicher Schnelligkeit folgen und beständig in Fluß und Bewegung sind. [...] Der Geist ist eine Art Theater, auf dem verschiedene Perzeptionen nacheinander auftreten, kommen und gehen, und sich in unendlicher Mannigfaltigkeit der Stellungen und Arten der Anordnung untereinander mengen. Es findet sich in ihm in Wahrheit weder in einem einzelnen Zeitpunkt Einfachheit noch in verschiedenen Zeitpunkten Identität; sosehr wir auch von Natur geneigt sein mögen, uns eine solche Einfachheit und Identität einzubilden.« (Hume 1739/1973, S. 327)

Piaget teilt mit den Empiristen die Vorstellung, dass Erkenntnistheorie auf einer empirischen Wissenschaft, der Psychologie, beruhen muss. Ähnlich wie die Empiristen spricht er der Erfahrungsgeschichte eine entscheidende Bedeutung für den Aufbau und die Ermöglichung von Erkenntnis zu (genetische Perspektive). Die empiristische Annahme, das Bewusstsein stelle ursprünglich ein unbeschriebenes Blatt dar und die Erfahrung bestehe in einer Abfolge miteinander unverbundener einfacher Sinnesempfindungen, lehnt er jedoch ab. In jede Erfahrung, sei sie auch noch so einfach, gehen subjektive Strukturen ein, ja, sie wird erst durch solche Strukturen ermöglicht. Was die Empiristen mit dem Assoziationsgesetz beschreiben, ist einfachstes Lernen, nicht Entwicklung. Wie oben erläutert besteht ein weiterer zentraler Unterschied zwischen der genetischen Epistemologie und dem britischen Empirismus in ihrer Interpretation von Abstraktion.

Der deutsche Aufklärungsphilosoph Immanuel Kant (1724-1804) kritisiert, dass Descartes das »cogito« zur res cogitans substantialisiert hat. Er unterstreicht den von Descartes entdeckten besonderen Status des »cogito« und nimmt zugleich den erfahrungswissenschaftlichen Impuls des britischen Empirismus zurück. Kant sieht das Bewusstsein als reine Vernunft an. Die Philosophie – und nur die Philosophie – hat die Aufgabe, die notwendigen Strukturen dieser reinen Vernunft herauszuarbeiten.

Kants philosophisches Unternehmen ist zu einem weiten Teil Erkenntniskritik. Diesem Selbstverständnis entsprechend ist seine Absicht vornehmlich negativ – der Versuch, metaphysischer oder spekulativer Erkenntnis einen Riegel vorzuschieben, eine »Läuterung der Vernunft« und »eine Wissenschaft der bloßen Beurteilung der reinen Vernunft, ihrer Quellen und Grenzen« (Kant 1787/1974, B 25). Seine Untersuchungen beziehen sich auf die menschliche Erkenntnisweise von Gegenständen, und zwar – im Gegensatz zu den britischen Empiristen und auch Descartes – nur insofern, als diese reine Vernunft ist, also unabhängig davon, wie sich Vernunft im tatsächlichen Denken realisiert. Eine solche Erkenntnis der Anschauungsformen und Verstandesbegriffe nennt Kant auch a priori, vor der Erfahrung, oder transzendental, hinter Empirisches zurückgehend und lediglich die Möglichkeit von Erkenntnis betreffend.

Das erkenntnistheoretische Grundproblem, wie subjektive Vorstellungen mit objektiver Realität übereinstimmen können und wie diese Übereinstimmung prinzipiell gesichert werden kann, versucht Kant zu lösen, indem er die traditionelle Vorstellung von Erfahrung und Erkenntnis umkehrt: Erkenntnis muss sich nicht den Gegenständen anpassen, sondern die Gegenstände müssen sich nach den Formen möglicher Erfahrung von ihnen richten. Er vergleicht diese »Umänderung der Denkart« (Kant 1787/1974, B XXII) mit der kopernikanischen Wende in der Astronomie:

»Bisher nahm man an, alle unsere Erkenntnis müsse sich nach den Gegenständen richten; aber alle Versuche, über sie a priori etwas durch Begriffe auszumachen, wodurch unsere Erkenntnis erweitert würde, gingen unter dieser Voraussetzung zunichte. Man versuche es daher einmal, ob wir nicht [...] damit besser fortkommen, daß wir annehmen, die Gegenstände müssen sich nach unserem Erkenntnis richten [...]. Es ist hiemit eben so, als mit dem ersten Gedanken des *Kopernikus* bewandt, der, nachdem es mit der Erklärung der Himmelsbewegungen nicht gut fort wollte, wenn er annahm, das ganze Sternenheer drehe sich um den Zuschauer, versuchte, ob es nicht besser gelingen möchte, wenn er den Zuschauer sich drehen, und dagegen die Sterne in Ruhe ließ.« (Kant 1787/1974, B XVI)

Der reine Verstand hat also Formen, gemäß denen Gegenstände notwendig erfahren werden müssen. Diese Formen werden in der Erkenntnistheorie zum Gegenstand der philosophischen Reflexion. Kausalität beispielsweise ist weder ein äußerer Vorgang noch ein bloßer Schein, sondern eine der reinen, der Erfahrung vorangehenden Kategorien, in denen der menschliche Verstand seine Erfahrung organisiert. Kant spricht auch davon, dass Erkenntnis »nur auf Erscheinungen gehe, die Sache an sich selbst dagegen zwar als für sich wirklich, aber von uns unerkannt, liegen lasse« (Kant 1787/1974, B XX). Realität an sich existiert zwar, ist aber nicht erkennbar, da alle Erkenntnis sich auf Erfahrungen stützen muss, die wiederum notwendig durch subjektive Formen und Begriffe geprägt sind.

Interessanterweise findet Kant ein Vorbild für diese radikale Behauptung gerade in den Naturwissenschaften. Seit der Frühen Neuzeit bedeutet Empirie nicht mehr (oder zumindest nicht in erster Linie), Natur so zu beobachten, wie sie sich von sich aus zeigt, sondern sie systematischer Beobachtung zu unterwerfen. Im Kontext des Experiments heißt dies, manipulierend in Naturvorgänge einzugreifen. Kant schreibt diesbezüglich, die Naturwissenschaftler hätten bereits

»begriffen, daß die Vernunft nur das einsieht, was sie selbst nach ihrem Entwurfe hervorbringt, daß sie [...] die Natur nötigen müsse, auf ihre Fragen zu antworten, nicht aber sich von ihr allein gleichsam am Leitbande gängeln lassen müsse [...] Die Vernunft muß mit ihren Prinzipien [...] in einer Hand, und mit dem Experiment, das sie nach jenen ausdachte, in der anderen, an die Natur gehen, zwar um von ihr belehrt zu werden, aber nicht in der Qualität eines Schülers, der sich alles vorsagen läßt, was der Lehrer will, sondern eines bestallten Richters, der die Zeugen nötigt, auf die Fragen zu antworten, die er ihnen vorlegt.« (Kant 1787/1974, B XIII)

Unter den Erkenntnistheoretikern fühlt sich Piaget Kant am nächsten, so nahe, dass er an einer Stelle Kant als seinen und unser aller geistigen Vater bezeichnet. (Vgl. WI, S. 271) Diese Einschätzung wird auch von anderen geteilt. So berichtet Bärbel Inhelder von einer Bemerkung des Verhaltensforschers Konrad Lorenz, nachdem dieser – spät – Piagets Werk zur Kenntnis genommen hatte: »Ich habe immer gedacht, Piaget sei einer dieser langweiligen Empiristen, und jetzt entdecke ich, daß er gar nicht so weit von Kant entfernt ist.« (Inhelder 1997, S. 74) Der wichtigste Gedanke, den Piaget von Kant übernimmt, ist derjenige der apriorischen Voraussetzungen von Erkenntnis. In Piagets Augen sind dies die Strukturen, die Verhalten, Erfahrung und Erkenntnis ermöglichen. Sie sind aber nicht als ein für allemal gegebene transzendentale Voraussetzungen zu verstehen. Die von Piaget postulierten Strukturen sind vielmehr sowohl a priori und a posteriori, transzendental und empirisch, Voraussetzungen zukünftiger und Produkte vorangegangener Erfahrung.

Ein zweiter Punkt, in dem Piaget sich Kant sehr nahe fühlt, ist dessen Forderung, die Leistung von Erkenntnistheorie als vornehmlich kritisch zu verstehen. In Piagets Augen bedeutet dies zu erklären, wie wissenschaftliche Begriffe und Theorien genetisch möglich werden, aufzuzeigen, dass jede Erfahrung eine subjektive Vorstrukturierung enthält, und damit auch die Begrenztheit der Einzelwissenschaften, die sich auf je spezifische Erfahrungen stützen müssen, aufzudecken.

Anders als Descartes, für den sich im »cogito« das Ich des jeweiligen Denkenden manifestiert, und anders als die britischen Empiristen, die das von der Erkenntnistheorie untersuchte Denken als Aktivität eines menschlichen Geistes ansahen, unterscheidet Kant zwischen empirischem und transzendentalem Ich. Den Gegenstand erkenntniskritischer Untersuchungen bildet ausschließlich das transzendentale Subjekt, die reine Vernunft. Seine philosophischen Analysen haben folglich mit empirischer Psychologie nichts zu tun. Im Gegenteil, weil sie Wissenschaft ist und damit innerhalb der Erfahrungsgrenzen bleibt, kann die Psychologie prinzipiell keinen Beitrag zur Erkenntnistheorie leisten. In der Aufklärung hatten sich erste Ansätze einer empirischen Psychologie herausgebildet. Kants kritische Einschätzung ihres Wertes und zudem noch seine Überzeugung, die Psychologe könne keine Naturwissenschaft sein, da man in ihr weder messen noch experimentieren könne, bremste deren Weiterentwicklung zumindest im deutschen Sprachraum ab.

Im 19. Jahrhundert lassen sich dann zwei entscheidende Schritte beobachten. Erstens entsteht um die Mitte des Jahrhunderts eine experimentelle und mathematische Psychologie. Zweitens versuchten einige Neukantianer nachzuweisen, dass die Gesetze wahrer Erkenntnisse als Naturgesetze menschlichen Denkens verstanden werden können bzw. dass die reinen Kategorien der Erfahrung mit der Physiologie der Wahrnehmungsorgane übereinstimmen.

Damit versucht man, die transzendentale Theorie der Erkenntnis in eine physiologische oder psychologische Theorie umzudeuten oder doch zumindest mit dieser zu verbinden. Diese auch »Psychologismus« genannte Erkenntnistheorie war kurzlebig und weitgehend erfolglos. Unter den bisher geschilderten philosophischen Positionen ist sie aber wohl als der direkteste Vorläufer der genetischen Epistemologie anzusehen. Gemeinsam ist beiden die Forderung, Erkenntnistheorie zu einer empirischen Wissenschaft zu machen, also die Sonderstellung, die der Psychologie für die Lehre von der Erkenntnis zugesprochen wird, und der Versuch – der im britischen Empirismus fehlte –, dies auch tatsächlich umzusetzen.

Ingesamt ergeben Piagets Bezüge auf die erkenntnistheoretische Tradition ein komplexes Bild. Wir haben gesehen, dass Piaget mit Descartes, Locke, Hume, Kant und dem Psychologismus einige Grundannahmen teilt: die Bedeutung, die dem Subjekt für die Begründung von Erkenntnis zugesprochen wird, den empiristischen Versuch, Erkenntnistheorie auf Psychologie zu gründen und eine genetische Perspektive einzunehmen, Kants Betonung der kritischen, Grenzen aufweisenden Funktion der Erkenntnistheorie und die psychologistische Kritik der strikten Trennung zwischen Erkenntnistheorie und Psychologie, die zu einer Verdoppelung der Forschung zur Erkenntnis führt.

Auf der anderen Seite grenzt er sich jedoch kritisch von allen diesen Philosophien ab. In erster Linie äußert sich diese Abgrenzung darin, dass er seinen eigenen Ansatz als eine wissenschaftliche, also experimentell und mathematisch gestützte Epistemologie versteht. Dem britischen Empirismus wirft er zudem vor, das Subjekt fälschlicherweise als passiv verstanden zu haben, und Kant, dass er die Gewordenheit von Erkenntnis nur unzureichend berücksichtigt. Wie sieht nun sein eigener Ansatz aus, und kann er sich gegen die philosophischen Erkenntnistheorien behaupten?

Genetische Epistemologie ist, so schreibt Piaget,

> »eine ihrem Wesen nach interdisziplinäre Forschung mit dem Ziel, die Bedeutung der Erkenntnisse, der operativen Strukturen oder der Begriffe zu untersuchen, indem sie einerseits auf ihre Geschichte und ihre aktuelle Funktion in einer bestimmten Wissenschaft (diese Gegebenheiten werden von den Spezialisten dieser Wissenschaft und ihrer Epistemologie zur Verfügung gestellt), andererseits auf ihren logischen Aspekt (wobei Logiker mitarbeiten) und außerdem auf ihre psychogenetische Bildung oder auf ihre Beziehung zu den geistigen Strukturen (dieser

Aspekt regt Forschungen von an der Epistemologie interessierten Psychologen an) rekurriert.«[50]

Aufgabe der genetischen Epistemologie ist es zu klären, wie die Erkenntnisse – ein Wort, das Piaget bewusst im Plural verwendet – in der Psychogenese und in den Wissenschaften aufgebaut werden und anwachsen, und ihre genetischen Reihen und Grenzwerte zu bestimmen. (Vgl. etwa EE I, S. 18, und S. 51) Sie soll herausfinden, ob und in welcher Weise die Erkenntnisentwicklung regelmäßig und fortschrittlich verläuft. Wenn Piaget hier von Grenzwerten anstelle von Zielpunkten spricht, so will er damit ausdrücken, dass diese – wie die Grenzwerte einer mathematischen Folge – zwar angestrebt, aber nie endgültig erreicht werden, obwohl man sich ihnen immer weiter annähert. Diese Position vertritt er sehr entschieden in der *Entwicklung des Erkennens*. Hier weist er auch wiederholt darauf hin, dass große methodische Vorsicht nötig ist, um nicht durch die Art des wissenschaftlichen Vorgehens die zu erforschenden Tatsachen schon vorwegzunehmen. Er ermahnt sich hier selbst: »Unsere zwei Regeln seien: Kein *a priori* aus Methode, keine Vorwegnahme.« (EE I, S. 53)

Aus diesem Grunde nimmt die genetische Epistemologie ihren Ausgang von der tatsächlichen Entwicklung von Erkenntnisstrukturen und von den Einzelwissenschaften: Sie ist Wissenschaftskritik in dem Sinne, dass sie zu klären versucht, in welcher Weise die Wissenschaften sich auf Realität beziehen und Objektivität beanspruchen können. Piaget hält eine unmittelbare Erfahrung und Erkenntnis für unmöglich. Erfahrung ist vielmehr ein Austausch des Menschen mit der Realität oder des Subjekts mit dem Objekt. Also muss die Erkenntnistheorie beschreiben und erklären, dass und wie »jede Erfahrung eine Strukturierung des Gegebenen darstellt, an der das erkennende

Subjekt aktiven Anteil hat, so daß die Erkenntnis als eine Interaktion zwischen den strukturierenden Operationen des Subjekts und den Eigenschaften des Objekts erscheint« (WI, S. 112). Schritt für Schritt müssen durch reflektierende Abstraktionen die Beiträge des Subjekts einerseits und des Objekts andererseits zur Erkenntnis entflochten werden.

Die genetische Epistemologie beruht auf einer expliziten Inbeziehungsetzung von Einzelwissenschaften, und zwar einer zirkulären und dynamischen Koordinierung zu einem Kreis von Mathematik, Physik, Biologie, Psychologie und spezieller Epistemologie.[51] Mit dem Bild eines ›Kreises der Wissenschaften‹ weist Piaget darauf hin, dass die wissenschaftlichen Fragen einer Einzeldisziplin an bestimmten Nahtstellen in benachbarte Wissenschaften übergehen. Das Bild des Kreises deutet auch an, dass die Wissenschaften verschiedenen Sichtweisen entsprechen, die nicht durcheinander ersetzt oder auf eine Sichtweise reduziert werden können. Damit wendet sich Piaget explizit gegen die positivistische Vorstellung, dass die Wissenschaften in abnehmender Allgemeinheit und zunehmender Konkretheit oder Komplexität in einer Hierarchie von Mathematik, Physik, Biologie und Soziologie organisiert werden können, wobei die jeweils allgemeinere Wissenschaft die Grundlage der speziellen bildet und erwartet wird, dass sich die komplexeren Wissenschaften in Zukunft auf die einfachen reduzieren lassen werden.

Piaget hingegen ist überzeugt, dass sich die Wissenschaften wechselseitig beeinflussen, einander Perspektiven und Fragen eröffnen und zueinander Erkenntnisse beitragen. Er nennt dieses reziproke, gegenseitige Assimilation, und durch deren Notwendigkeit ist ausgeschlossen, dass Wissenschaften auf andere reduziert werden können, und zugleich garantiert, dass sie nicht gegeneinander abgeschlossen sind.

Die Wissenschaften vom Menschen, besonders die Psychologie, haben für Piaget eine Sonderstellung in der Spirale der Wissenschaften, weil sie von den Einzelwissenschaften zu wissenschafts- und erkenntnistheoretischen Fragen, also zu einer höheren Ebene überleiten, und weil sie entscheidende Erkenntnisse zur Epistemologie liefern. Gerade durch diesen Schritt wird die Spirale der Wissenschaften umfassender und erreicht – durch reflektierende Abstraktion und Bewusstwerdung – höhere Ebenen. Die Wissenschaften sind also zugleich multiperspektivisch, in Bewegung, offen und prinzipiell fortschrittlich.

Diese engen Beziehungen bei gleichzeitiger Irreduzibilität zwischen den Wissenschaften hat Piaget noch auf andere Weise verdeutlicht. So spricht er von zwei grundsätzlichen Richtungen des wissenschaftlichen Denkens, der idealistischen und der realistischen. Idealismus und Realismus sind ursprünglich ein philosophisches Gegensatzpaar. Während der Realismus auf der Annahme beruht, die Welt existiere an sich, sei objektiv bestimmt und könne zumindest prinzipiell erkannt werden, geht der Idealismus umgekehrt davon aus, die Realität an sich sei unerkennbar und die Gegenstände unserer Erfahrung hätten sich – dem bekannten Wort Kants folgend (Kant 1787/1974, B XVI) – nach den Kategorien und Formen unserer Erfahrung von ihnen zu richten. Für die genetische Epistemologie bilden Realismus und Idealismus keinen Gegensatz, sondern zwei verschiedene Schwerpunkte erkenntnistheoretischen Denkens. Jeweils für sich genommen sind sie zwar falsch, tragen aber je auf ihre Weise doch zur Erkenntnis bei. Realistische Annahmen sieht Piaget überall dort am Werk, wo empirisch vorgegangen wird, sei es in der Beobachtung oder im Experiment. Eine eher idealistische Einstellung prägt die formalisierenden Verfahrensweisen, in (fast) reiner Form in der Mathematik, in weniger reiner Weise in allen anderen Wissenschaften. Die genetische Epistemologie geht also von einer Pluralität von Wissensweisen und Rationalitätsformen aus, die der Vielfalt von Erfahrungsformen innerhalb der Psychogenese entspricht.

Radikal wird die genetische Epistemologie durch einen weiteren Schritt, in dem Piaget zwischen speziellen Epistemologien und der allgemeinen Epistemologie unterscheidet. »Wir bezeichnen jede psychogenetische oder historisch-kritische Erforschung der Arten des Anwachsens der Erkenntnis als spezielle genetische Erkenntnistheorie, solange sie sich auf ein Bezugssystem stützt, das durch den Stand des Wissens im betreffenden Moment gegeben ist. Wir sprechen hingegen von allgemeiner genetischer Erkenntnistheorie, wenn das Referenzsystem selbst in den genetischen oder historischen Prozeß einbezogen ist, den man studieren will.« (EE I, S. 50) Spezielle Erkenntnistheorien setzen das zu einem bestimmten Zeitpunkt durch die Wissenschaften gegebene Bezugssystem von Wissen voraus. Deren Verständnis oder Sichtweise von Realität wird auch von der speziellen erkenntnistheoretischen Forschung nicht hinterfragt. Wenn also die neuzeitliche Physik davon ausgeht, dass Natur mathematisch und experimentell erfassbar ist, so wird die spezielle Erkenntnistheorie der Physik zwar erklären, wie die hierbei angewandten mathematischen Theorien und physikalischen Begriffe genetisch aufgebaut werden, aber sie wird nicht die Frage stellen, ob die Natur wirklich so ist, wie die Physik voraussetzt.

Die allgemeine genetische Epistemologie hingegen, welche die Entwicklungslinien oder, wie Piaget sagt, Vektionen wissenschaftlichen Wissens im Ganzen untersucht, setzt kein Bezugssystem gegebener Realität mehr voraus. Sie geht davon aus, dass Subjekt wie Objekt, Erkenntniskategorien und Realität wandelbare Konstruktionsprodukte genetischer Reihen sind, und untersucht, auf welche Weise man auf den verschiedenen Stufen dieses Entwicklungsprozesses von Realität und Erkenntnis sprechen kann. Diese allgemeine Erkenntnistheorie ist also grundsätzlich relativistisch. Piaget hat allerdings angenommen, dass auch die Erkenntnisse im Ganzen in eine bestimmte Richtung wachsen, die, wie wir oben gesehen haben, durch ein maximales Gleichgewicht oder eine maximale Dezentrierung gekennzeichnet ist. Die Frage, ob dies nicht doch ein *a priori*, eine Vorwegnahme impliziert, wurde im vierten Kapitel bereits erörtert.

Ein ähnlicher Gedanke wird auch durch den grundsätzlichen erkenntnistheoretischen Zirkel von Subjekt und Objekt ausgedrückt, auf den am Ende des vorangegangenen Kapitels bereits verwiesen wurde. Piaget zufolge können erkenntnistheoretische Begriffe nur zirkulär definiert werden. »Es existiert kein Mittel, um das Problem der Grenzen zwischen Objekt und Subjekt mit Sicherheit zu lösen, wenn man das Bezugssystem aufgibt, auf das sich die spezielle genetische Erkenntnistheorie stützt.«[52] Dass dies unmöglich ist, führt er darauf zurück, dass Subjekt und Objekt korrelativ konstruiert werden: »Das Subjekt kennt die Objekte nur durch seine eigenen Aktivitäten, kann sich selbst aber nur durch sein Einwirken auf die Objekte kennenlernen.« (EWM, S. 85) Die Erkenntnistheorie wird somit nie zum Wesen des Subjekts oder auch des Objekts vordringen. Was gelingen kann, ist, Phasen ihrer wechselseitigen Konstitution und ihrer Auseinandersetzung untereinander zu identifizieren.

Das erkennende Subjekt ist für Piaget somit auch keine transzendentale Subjektivität, die unabhängig vom individuellen Ich existiert und von Geschichte und Genese unabhängig wäre. Andererseits ist es aber auch nicht mit dem konkreten Ich identisch. Letzteres bleibt selbst dann, wenn der Mensch auf der Stufe der formalen Operationen und damit der Wissenschaftsfähigkeit angelangt ist, im Alltäglichen sensomotorischen und konkretoperationalen Handlungsformen und in seinem individuellen Vorstellungsverlauf der Irreversibilität verhaftet und kann also nicht das Subjekt des Wissens und der Erkenntnis sein. Piaget bezeichnet das erkennende Subjekt, um es von beiden Missinterpretationen abzugrenzen, als epistemisches Subjekt.

Für diesen Begriff finden sich in seinem Werk zwei hauptsächliche Interpretationen. Der einen zufolge handelt es sich beim epistemischen Subjekt um eine Art Funktionszentrum, »um die Mechanismen, die allen individuellen Subjekten derselben Stufe gemeinsam sind, mit noch einmal anderen Worten: um das ›beliebige‹ Subjekt«[53]. Diese Interpretation läuft darauf hinaus, das Subjekt als eine anonyme, unpersönliche Subjektivität zu verstehen. Dies könnte aber zu kurz gegriffen sein, denn Piaget betont auch die aktiven Leistungen des Subjekts. Er bezeichnet es explizit als »Spieler« und »Autor« der Strukturen. (Str., S. 58) Das epistemische Subjekt kann also nicht auf das Zusammenspiel von Strukturen reduziert werden – im Gegenteil: Piaget ist der Überzeugung, dass »die ›Strukturen‹ weder den Menschen noch das Tun des Subjekts getötet haben« (Str., S. 133).

Piaget versteht das epistemische Subjekt nicht als weltfremd. Es ist der Welt und Wirklichkeit genetisch verbunden, denn es ist ein Aspekt des Organismus, der Organismus wiederum ein Teil der Welt (vgl. hierzu beispielsweise BE, S. 52), und es ist handelndes Subjekt, das sich mit der Welt auseinandersetzt und sie dabei nicht nachahmt, sondern verändert. So fasst Goldmann zusammen: »Der Mensch ist in der Welt weder ein allmächtiger Schöpfer noch ein bloßer Zuschauer; er ist ein handelndes Wesen, das auf die Welt einwirkt, sie umformt und sich selbst unter dem Einfluß dieser Transformationen verändert.« (Goldmann 1966, S. 146)

Aus diesen Annahmen lässt sich auch ableiten, was Piaget unter Erkenntnis versteht. Erkenntnis ist kein Abbild, sondern eine aktive Konstruktion der Welt und des Ich, von Tatsachen durch den Wissenschaftler, von Erfahrung durch das Subjekt.

Diese Konstruktionen bilden für ihn eine unendliche Kette ohne bestimmbaren Anfang und definitives Ende. (Vgl. etwa EE I, S. 18) Damit darf keine Erkenntnis, keine Wahrheit als endgültig angesehen werden, weder erfahrungswissenschaftliche Erkenntnis noch mathematische noch epistemologische. (Vgl. etwa EE I, S. 19)

Schließen wir dieses Kapitel mit einigen Bemerkungen zu Piagets Verhältnis zur Philosophie. Erkenntnistheorie war, wie wir gesehen haben, ursprünglich ein Teil der Philosophie und in der Neuzeit prima philosophia, erste Philosophie. Piagets wichtigstes Anliegen ist, sie von philosophischen Ansprüchen zu befreien und zu verwissenschaftlichen. Er ist der Ansicht, dass nur Wissenschaften, die sich den Tatsachen verpflichten, Erkenntnisse gewinnen können. Die Philosophie kann dies nicht für sich beanspruchen. Seiner Einschätzung nach hat Philosophie entweder die Aufgabe, wissenschaftliche Erkenntnis zu reflektieren, womit sie genetische Epistemologie wäre, oder aber sie dient der allgemeinen »Koordination von Werten«.[54] Dabei führt sie nicht zu Wissen, sondern zu etwas, das er ›Einsicht‹ nennt. Einsichten in diesem Sinne können zwar vernünftig sein, beruhen aber auf persönlichen Entscheidungen. Alles, was über das Gewinnen solcher Einsichten hinausgeht, nennt Piaget den »Dämon Philosophie« (AB, S. 18) – spekulative, metaphysische oder intuitionistische Philosophie mit ungerechtfertigten Erkenntnisansprüchen. Zeugnis von seinem unerbittlichen Kampf gegen diese Form von Philosophie legt das fast bekenntnishafte späte Werk *Weisheit und Illusionen der Philosophie* ab.

Piaget äußert sich in dieser Schrift einerseits außerordentlich philosophiekritisch, andererseits auch ausgesprochen wissenschaftsgläubig. Diese Haltung muss man nicht teilen; sie fällt sogar hinter Positionen zurück, die er in früheren Werken vertreten hat. Piaget verweist aber auch darauf, dass Philosophie und Wissenschaften lediglich einen vermeintlichen Gegensatz bilden. Was uns heute geläufig ist – entweder Philosophie oder Wissenschaft – ist historisch neu. Piaget zufolge wurde das Verhältnis von Wissenschaften und Philosophie erst im 19. Jahrhundert wirklich problematisch. Um die Mitte dieses Jahrhunderts begann, wie oben erwähnt, die empirische Psychologie, sich als eigenständiges Unternehmen von der Philosophie abzuspalten und zu verselbständigen. Diese Wissenschaft von der Psyche, Seelischem, Beweusstsein oder Erkenntnis hatte (zumindest zum Teil) dasselbe Gegenstandsgebiet wie die erkenntniskritische Philosophie, nutzte jedoch die höchst erfolgreichen Methoden der Naturwissenschaften, griff damit auf das Gegenstandsgebiet der Philosophie über und drohte, sie zu ersetzen.

Diese kritische Lage führte , so beschreibt Piaget die Geschichte, dazu, dass die Philosophie eine den Wissenschaften prinzipiell überlegene philosophische Erkenntnisweise einführte, eine notwendige Begründung – und nicht nur Kritik – wissenschaftlicher Erkenntnis. Diese lässt sich nicht durch wissenschaftliche Forschung ersetzen. Damit wurde die kantische Erkenntniskritik in imperiales Denken umgewandelt: »Kants Nachfolger haben in den *apriorischen* Strukturen nicht mehr [...] eine epistemologische Tafel der Bedingungen der Erkenntnis gesehen, sondern den Ausdruck einer Macht des philosophischen Denkens, das, indem es die notwendigen Voraussetzungen der Wissenschaft bestimmt, dieser überlegen ist.«[55] Während die Philosophie angeblich das Wesen der Dinge erforsche – so gibt Piaget die Grundthese dieses Denkens wieder – seien die Wissenschaften in die Grenzen methodischer und gegenstandsbezogener Vorannahmen eingeschlossen, die sie prinzipiell niemals überschreiten können. Ob Piaget mit dieser von ihm »suprawissenschaftlich« genannten Haltung den kritisierten Philosophen wie etwa Henri Bergson (1859-1941) und Edmund Husserl (1859-

1938) gänzlich gerecht wird, soll hier nicht entschieden werden. Seiner Kritik übertrieben wissenschaftsskeptischer Philosophie kann man sicher zustimmen.

Den Grundannahmen der genetischen Epistemologie zufolge sind die Wissenschaften prinzipiell jedem Gegenstand und jedem Thema offen. Wenn sie neue Gegenstände assimilieren, wie etwa im 19. Jahrhundert die Erkenntnis, werden sie zugleich bereichert und gezwungen, sich diesen anzupassen. Diese Bewegung ist in der genetischen Epistemologie sehr deutlich. Historisch muss man allerdings sagen, dass der Impuls mit Piagets Tod verloren gegangen ist. Inzwischen sind Philosophie und Psychologie wieder viel unabhängigere Unternehmungen, und dort, wo es Auseinandersetzungen gibt – etwa in der Bewusstseinsdebatte – erreichen sie nur selten das Niveau, das Piaget bereits erreicht hatte, weder auf der Ebene der Theorie noch auf der Ebene der Tatsachen.

6. Würdigung

Die dreieinhalb Jahrzehnte, die seit Piagets Tod vergangen sind, sollten ausreichend Distanz bieten, um sein Werk nüchtern und objektiv bewerten zu können. Abschließend zu ermessen, was von seinem Schaffen heute noch bleibt, fällt dennoch sehr schwer. Zweifelsfrei zählt Piaget zu den größten Psychologen des 20. Jahrhunderts. In seiner Wirkung auf die Öffentlichkeit und das alltägliche Menschenbild ist er wohl nicht mit Sigmund Freud vergleichbar, aber in seiner Wirkung auf die Psychologie als Wissenschaft hat er zumindest denselben Rang. Sicher ist Piaget ein entwicklungspsychologischer Klassiker – ein entwicklungspsychologisches Lehrbuch ohne ein Kapitel über ihn wäre unvorstellbar. Der Klassikerstatus signalisiert jedoch auch, dass ein Werk Geschichte geworden ist und Forschung, Fortschritt und Erkenntnisgewinn anderswo stattfinden. Das trifft auch für Piaget zu.

Piagets *empirische Ergebnisse* sind oben bereits bewertet worden. Die wichtigsten Punkte seien hier noch einmal zusammengefasst: Piaget hat der Entwicklungspsychologie höchst wichtige Impulse gegeben und durch seine vielfältigen Experimente eine reiche Forschungstradition begründet. Dass in dieser kaum ein Stein mehr auf dem anderen steht, liegt unter anderem an den verbesserten Methoden zur Erfassung des Wissens von Kindern, welche die Psychologie inzwischen entwickelt hat. Es hat sich aber auch gezeigt, dass die empirischen Daten weniger eindeutig sind, als die Analysen von Piaget glauben machen, und dass ihre theoretische Interpretation komplexer und schwieriger ist, als ihm klar war. Ein zentraler Befund der neueren Entwicklungspsychologie ist, dass das Wissen von Kindern – und Erwachsenen – kein integriertes System ist, sondern oft bruchstückhaft, domänenspezifisch und kontextgebunden (z.B. Chomsky 1996; Gelman 1994; Wellman & Gelman 1998). So können sich in Blickverhalten, Suchverhalten und Sprache unterschiedliche Gegenstandskonzepte äußern, von denen keines ohne Weiteres als der wahre Objektbegriff angesehen werden kann.

Der *erkenntnistheoretische* Vorteil von Piagets Entwicklungspsychologie – die Möglichkeit, die geistigen Strukturen des Kindes mit wissenschaftlichen Konzepten in eine direkte Verbindung zu bringen – bringt einen wesentlichen *psychologischen* Nachteil mit sich: Als Entwicklungspsychologie ist sein Modell zu eng. Es erfasst nicht *das* Denken des Kindes. Im Gegenteil: Von der qualitativen Vielfalt kindlichen Handelns und Erkennens treten nur wenige Momente in der Theorie auf. Vor allem Aspekte der Entwicklung, welche nicht in protomathematischen und protophysikalischen Strukturen aufgehen, werden vernachlässigt. Genau genommen ist die genetische Epistemologie nicht eine Theorie der Entwicklung des Kindes, sondern eine Theorie der Entwicklung des Wissens mit entsprechend engen Fragestellungen.

Eine entscheidende *theoretische Schwäche* von Piagets Ansatz ist – wie oben bereits diskutiert –, seine Vernachlässigung der Frage, wie sich das begriffliche Verständnis des Kindes in psychischen Prozessen realisiert. Er geht davon aus, dass das Denken – zumindest das Interessante am Denken – durch die Strukturen und nur durch diese bestimmt wird. Für ihn kommt die Struktur vor der Funktion.[56] Mit den mathematischen Modellen formalisiert er die einer Aufgabenlösung zugrunde liegenden Strukturen, also Erkenntnis*möglichkeiten*, zeigt aber nicht, *wie* –

durch welche Beobachtungen, Denkschritte oder Überprüfungsverfahren und unter Inanspruchnahme welcher geistiger Funktionen – das Kind *tatsächlich* zu seiner Lösung gelangt. Damit bleibt die Performanz unterbelichtet. Problematischer noch: Piaget kann gar nicht unterscheiden, was im Verhalten des Kindes auf strukturelle Bedingungen des Denkens und was auf Performanzprobleme zurückgeht. Die Forschung nach ihm ist denn auch immer wieder darauf gestoßen, dass zahlreiche Verhaltensweisen, die Piaget als Belege für mangelnde Kompetenz gedeutet hat, lediglich darauf hinweisen, dass Kinder ihre Kompetenzen nicht konfliktfrei oder problemlos im Verhalten nutzen können.

Eine wichtige Klasse psychischer Mechanismen, die in hohem Maße beeinflussen, zu welchen Problemlösungen Kinder kommen, sind Prozesse der Problem- oder Informationsrepräsentation. Wie das Kind Information geistig repräsentiert, ist nach Jerome Bruner – ein prominenter Piaget-Kritiker (*1915) – wichtiger für seine Fähigkeiten als die abstrakten Strukturen, über die es verfügt. Für Aufgaben zur Mengenerhaltung hat er zum Beispiel gezeigt, dass es Kindern bei ihren Lösungsversuchen sehr hilft, wenn ablenkende visuelle Information entfernt wird. (Bruner 1988) Kinder können auch, anders als Piaget vermutet, schon vor dem konkretoperationalen Stadium Information aus mehreren Quellen integrieren (z.B. Wilkening 1978).

Eine weitere Klasse psychischer Prozesse bilden die Mechanismen des Gedächtnisses. Dass ältere Kinder in vielen Piaget-Aufgaben besser abschneiden als jüngere, also mehr zu können scheinen, liegt zumindest zum Teil daran, dass sie die Kapazität ihres Arbeitsgedächtnisses besser ausnutzen, über mehr und vielfältigere Gedächtnisstrategien verfügen und die Schwächen ihres Gedächtnisses besser kennen (z.B. Flavell, Friedrichs & Hoyt 1970). Auch Piaget und seine Mitarbeiterinnen haben sich ab den sechziger Jahren mit dem Gedächtnis auseinandergesetzt. Sie haben dabei die These vertreten – und empirisch bestätigt –, dass Erinnerungen aus dem Langzeitgedächtnis üblicherweise auf demselben strukturellen Niveau angesiedelt sind wie die Denkfähigkeiten des Kindes und sich während der Entwicklung parallel zu diesen verändern. Die Beziehung zwischen Gedächtnis und Strukturen scheint also in einer wechselseitigen Beeinflussung zu bestehen (Inhelder 1969; Piaget & Inhelder 1974). Das sind erste Schritte zu einer vollständigeren Erfassung von Wissen und Können.

Zu den wichtigen Prozessen, deren Bedeutung Piaget nicht erkannt oder zumindest unterschätzt hat, gehören fernerhin allgemeine Aufgabenstrategien, Fertigkeiten und Routinen sowie exekutive Kontrolle. Aufgabenstrategien oder Heuristiken (Faustregeln) spielen beim schlussfolgernden Denken Erwachsener eine große Rolle – auch dann, wenn sie nicht zu logischen oder richtigen Schlussfolgerungen führen. (Tversky & Kahneman 1974) Menschen scheinen ziemlich häufig nicht rational oder auf die logisch angemessenste Weise zu schließen. Warum heuristisches Denken so häufig ist, ist bis heute nicht ganz geklärt. Es wird vermutet, dass es sich in Situationen mit viel, aber unklarer Information bewährt, in denen schnell entschieden werden muss.

Fertigkeiten und Routinen spielen insofern eine Rolle, als Erfolg bei und Geschwindigkeit einer Problemlösung stark davon beeinflusst werden, ob oder wie weit Teilschritte der Lösung geübt und automatisiert sind. Unter exekutiver Kontrolle versteht man schließlich willentliche Prozesse, die beispielsweise benötigt werden, um Handlungen zu planen, Automatismen zu kontrollieren oder in einem Kontext von Alternativen ein Ziel beizubehalten. Eine ganz erhebliche Rolle für das, was gelernt oder im Problemlösen gezeigt werden kann, spielen schließlich auch bereichsspezifische Wissensstrukturen.

Piaget hatte eine Reihe von Schülern – die so genannten Neo-Piagetianer – welche die konkreten Prozesse erforscht haben, die für das Können so wichtig sind (z.B. Case 1992; Fischer & Silvern 1985; Pascual-Leone & Morra 1991; Siegel 1978; Siegler 2001). Bei allen Differenzen gehen aber auch die Neo-Piagetianer davon aus, dass Hierarchien kognitiver Strukturen existieren und sich im Laufe der Entwicklung aufbauen.[57] – Der geschilderte Fokus auf Prozesse und Prozeduren bringt der Kognitionspsychologie allerdings nicht nur Vorteile, im Gegenteil. Er bringt den Nachteil mit sich, dass Erkenntnisstrukturen nun überwiegend vom psychologischen Standpunkt aus betrachtet werden, selten aber aus der epistemologischen Perspektive. Damit geht der besondere Reiz der genetischen Epistemologie verloren: Der interessanteste und provokanteste Aspekt des piagetschen Ansatzes, sein Versuch einer epistemologischen Erklärung von Wissen auf der Grundlage der Psychologie, verschwindet im Hintergrund.

Zu den kritischen Aspekten der Entwicklungspsychologie Piagets zählt auch der Stufenbegriff. Piaget geht im Großen und Ganzen davon aus, dass die kognitive Entwicklung durch vier klare Stufen mit einer jeweiligen Gesamtstruktur gekennzeichnet ist (eine Ausnahme bildet die präoperationale Stufe, die keine Gleichgewichtsform ausbildet). Heute weiß man, dass sich nicht nur diese Gesamtstrukturen entwickeln, sondern auch die Funktionen der Informationsverarbeitung und das bereichsspezifische Wissen. Hier sind Stufen kaum zu beobachten, und wenn man sie erkennen kann, so nicht unbedingt parallel zu den kognitiven Stufen, so dass der Stufenbegriff obsolet wird.

Weder die breite inhaltliche Kritik noch die geringen Überbleibsel der genetischen Epistemologie in der zeitgenössischen Entwicklungspsychologie sollten zu der Schlussfolgerung verleiten, Piaget sei in der Psychologie überholt. Zumindest zwei wesentliche Einflüsse Piagets haben Bestand – die von ihm indirekt inspirierten Forschungstraditionen und sein Einfluss auf das Menschenbild der Psychologie.

Piagets heutige Nachwirkung besteht zu einem großen Teil darin, dass er bestimmte Forschungsthemen etabliert hat. So ist es heute geradezu selbstverständlich, Kinder als intuitive Wissenschaftler zu sehen. Mit genügend Distanz sowohl zu Piaget als auch den Neo-Piagetianern untersucht man inzwischen anstelle der bereichsübergreifenden Strukturen bereichsspezifisches Wissen, zum Beispiel intuitives Wissen über physische Eigenschaften wie Dichte, Gewicht, Schwerkraft, Trägheit (Spelke et al. 1992; Smith et al. 1985), fehlerhafte physikalische Vorstellungen und intuitive Theorien bei Kindern und Erwachsenen (Karmiloff-Smith & Inhelder 1974; Krist 2000; Wilkening & Huber 2002), Kausalität (Schlottmann 1999), Pflanzen (Carey 1985) und Lebewesen (Backscheider, Shatz & Gelman 1994; Inagaki & Hatano 2004), Astronomie (Vosniadou 1991). Wie oben bereits erwähnt, hat die Säuglingsforschung inzwischen Methoden entwickelt, mit denen sich untersuchen lässt, über welche ›Begriffe‹ Säuglinge verfügen. Mit ihnen konnte ein erstaunlich differenziertes konzeptuelles Netzwerk freigelegt werden. Kleinkinder unterscheiden zum Beispiel schon mit weniger als einem Dreivierteljahr zwischen Tieren und Möbeln und bereits mit neun bis elf Monaten zwischen Tieren und Menschen als Kategorien. (Pauen, 2001)

Piaget geht davon aus, dass die Repräsentationen des Kindes auf der präoperationalen Stufe wenig flexibel sind und vom Anschaulichen beherrscht werden. Heute wird diese Frage zum Beispiel mit »Anschein-Wirklichkeits-Aufgaben« untersucht. Hierbei sehen die Kinder Gegenstände, deren Aussehen und Funktion sich widersprechen, beispielsweise einen Anspitzer, der wie ein Stück Wachsmalkreide aussieht, oder eine Seife, die einem Schneckenhaus ähnelt. Die Kinder werden dann erstens gefragt, wie das Objekt aussieht, und zweitens, was es wirklich und in Wahrheit ist. Dreijährige geben sehr häufig dieselbe Antwort auf beide Fragen, Fünfjährige hingegen unterscheiden gut zwischen dem Anschein und der Funktion des Objektes. Dass Kinder – wie Piaget behauptet hat – den Anschein der Realität vorziehen, trifft aber nicht einmal für Dreijährige zu: Sie entscheiden sich in beiden Antworten eher für die Funktion als für das Aussehen. (Deák 2006) Zudem lässt sich die fehlende Unterscheidung zwischen Anschein und Wirklichkeit teilweise dadurch erklären, dass die Gesprächssituation merkwürdig und pragmatisch schwer verständlich ist. (Siegal 1997)

Ein aktuelles Forschungsthema, das nur noch indirekt durch Piaget inspiriert ist, ist die »Theory of mind«. Damit bezeichnet man die Fähigkeit, sich vorzustellen, dass andere Personen ein mentales Leben (Wünsche, Wissen, Überzeugungen, Emotionen und Ähnliches) haben. (Sodian 2004) Die Frage, ab wann und auf welchem Weg zwischen mentaler und physischer Welt unterschieden wird, hat schon Piaget interessiert. Er war überzeugt, dass dies etwa mit dem Schulalter möglich wird. Diese Annahme ist falsch, denn bereits Dreijährige können teilweise zwischen Mentalem und Physischem unterscheiden.

Ein interessanter Aspekt der Theory of mind ist, falschen Glauben zu verstehen. Wimmer und Perner (1983) haben hierzu die so genannte Maxi-Aufgabe entwickelt, in der ein kleiner Junge namens Maxi eine Schokolade in einen grünen Schrank legt. Während er spielen geht, legt seine Mutter die Schokolade in einen blauen Schrank. Danach verlässt auch sie den Raum. Maxi kommt derweil zurück. Die Kinder werden nun gefragt, in welchem Schrank Maxi wohl nach der Schokolade suchen wird. Dreijährige Kinder glauben, dass er im blauen Schrank suchen wird – da ist sie tatsächlich, aber Maxi kann das nicht wissen –, unter den Vier- und Fünfjährigen entscheidet sich meist mindestens die Hälfte für den grünen Schrank. Dreijährige ›vergessen‹ auch eigene falsche Überzeugungen (Wimmer & Hartl 1991) und können beim Spielen nicht mogeln oder täuschen. (Sodian 1991)

Diese Befunde sind vielfach repliziert worden und weisen darauf hin, dass mit etwa vier Jahren entscheidende Entwicklungen vollzogen werden, die man tatsächlich als qualitative Sprünge verstehen kann. Etwa in der gleichen Zeit entwickeln sich auch exekutive Funktionen, also die Fähigkeit, das eigene Verhalten zu planen, zu inhibieren und zu koordinieren sowie Routinen und Automatismen zu unterbinden.

In den letzten Jahren hat sich gezeigt, dass Piagets Aufgaben für die Untersuchung der Intelligenz von Tieren von großem Nutzen sind. Man versucht dabei, in ähnlichen Situationen, wie Piaget sie für Kinder hergestellt hat, aber ohne Zuhilfenahme der Sprache – also Suchen unter erschwerten Bedingungen, Auswahl der größten Saftmenge – das Intelligenz- oder Erkenntnisniveau von Tieren zu verstehen. Interessanterweise zeigen viele Tierarten ähnliche Entwicklungsverläufe wie der Mensch. Das Suchen nach versteckten Objekten bildet sich bei Schimpansen und Gorillas ähnlich wie beim Menschen aus. Ihre Entwicklung schließt sogar den A-nicht-B-Fehler ein. Katzen und Hunde hingegen erreichen die Stufen vier und fünf sehr schnell, und der A-nicht-B-Fehler tritt nicht auf. Das könnte damit zusammenhängen, dass diese Tiere sich schon früh selbst bewegen. Unsichtbare Bewegungen eines Gegenstands werden wohl nur von Schimpansen und Gorillas verstanden. Orang-Utans, Schimpansen und Zwergschimpansen zeigen in bestimmten Situationen die Fähigkeit zur Mengenerhaltung; sie basiert aber meist auf visueller Information, nicht auf kognitiven Operationen. Im Großen und Ganzen zeigen die Affen wohl das, was Piaget und Inhelder als Pseudo-Erhaltung bezeichnen, bei der perzeptive Information wichtiger ist als die Operationen selbst (Suda & Call 2004). Untersuchungen dieser Art hätten Piaget sicher interessiert, weil sie den Erwerb von Begriffen im evolutionären Kontext beleuchten. Die Evolution des Wissens ist für die genetische Epistemologie ähnlich unabdingbar wie seine Ontogenese.

Ein zweiter Einfluss Piagets besteht darin, dass er das Menschenbild der Psychologie geprägt hat. Was heute in der Psychologie eine Selbstverständlichkeit ist – Menschen als aktive Lerner und Konstrukteure von Realität anzusehen –, lag zu Piagets Zeit keineswegs auf der Hand. Im Gegenteil, er hat dieses Menschenbild gegen den psychologischen Zeitgeist durchgesetzt. Als er in den zwanziger Jahren begann, psychologisch zu forschen, kam in Amerika gerade der Behaviorismus auf, eine psychologische Schule, die die Psychologie zu einer Naturwissenschaft machen wollte, dabei aber viel naiver vorging als Piaget, der im Prinzip ein ähnliches Ziel verfolgte. Für den Behaviorismus war eines der wichtigsten Mittel hierzu, auf Begriffe für Psychisches – Denken, Bewusstsein, Wissen, Absichten und ähnliches – zu verzichten. Verhalten sollte physikalisch (also als Bewegung) und mathematisch beschrieben werden. Die empirischen Untersuchungen des Behaviorismus waren Lernexperimente mit Tieren. Die hierbei ermittelten Lerngesetze – etwa die Wirkung von Belohnung und Strafe oder die Folgen des gemeinsamen Auftretens bestimmter Reize – reichen den Behavioristen zufolge aus, um die gesamte Vielfalt menschlichen Verhaltens zu erklären. Der Einfluss des Behaviorismus auf die Psychologie war groß und wirkt in ihren Methoden noch heute nach.

Piaget teilt mit dem Behaviorismus die Grundidee, dass die Psychologie eine strenge Wissenschaft ist, sowie die Ausrichtung auf Lernen (oder Entwicklung) und das Interesse an Verhalten als Untersuchungsgegenstand der Psychologie. Historisch war Letzteres neu, denn die Psychologie hatte sich bis ins frühe 20. Jahrhundert hinein vor allem mit dem Bewusstsein beschäftigt. Sein Verhaltensbegriff ist aber weniger einseitig, sein Begriff von Entwicklung und Lernen komplexer, und anders als die Behavioristen vertritt Piaget keinen übertriebenen Naturalismus und Positivismus. Zudem findet er mit den Strukturbeschreibungen eine interessante Möglichkeit, Psychisches zu erfassen, ohne auf Introspektion zurückgreifen zu müssen.

In Europa kam zur gleichen Zeit die Gestalttheorie auf. Sie untersuchte vor allem Wahrnehmung und Problemlösen auf experimentelle Weise. Nach Ansicht der Gestalttheoretiker sind psychische Prozesse durch Ganzheiten gekennzeichnet, deren Eigenschaften sich nicht auf diejenigen ihrer Elemente reduzieren lassen. Die Gestalttheorie übertrug dabei den Feldbegriff aus der Physik auf die Psychologie. Mit der Gestalttheorie teilt Piaget das Interesse an Strukturen, erweitert den Strukturbegriff aber zu einem dynamischen und erheblich inhaltsreicheren Konzept und macht ihn anschlussfähig an Mathematik und Kybernetik.

Piagets Menschenbild ist jedoch auch auf charakteristische Weise einseitig, und dies färbt auf sein Verständnis von Wissen ab. Formaloperationales Denken ist für Piaget das Endziel der Ontogenese. Dieses Denken ist weder an konkrete Handlungen, an Tätigkeiten in der Welt, noch an tatsächliches Material und reale Wirkungen gebunden. Piaget vertritt damit – ganz in der Tradition der philosophischen Neuzeit – einen Begriff von Denken, der kontextfreies, abstraktes Wissen zum angestrebten Endziel der Entwicklung macht. Spezifische Kontexte, Medien, Materialien, Vorliebe und Stile gehören für ihn nicht innerlich zum Wissenserwerb. Diese Haltung kann man kritisch sehen. So könnte sie erstens eine einseitige Beschreibung der Ontogenese darstellen, zweitens eine unzulängliche Beschreibung des

Ziels von Wissenserwerb und drittens ein falsches Verständnis von Erkenntnis auch in den Wissenschaften widerspiegeln.

Sicher zu Recht ist Piagets übertriebene Betonung des kognitiv-strukturellen Aspekts der menschlichen Entwicklung kritisiert worden. Er ordnet die affektive und soziale Entwicklung den strukturell-kognitiven Momenten unter und nimmt an, dass sie einem ähnlichen Entwicklungsverlauf unterliegen. Soziale Vermittlungsprozesse sind zwar wichtig, haben aber nur insofern einen Einfluss auf die Entwicklung, als sie durch Gleichgewichtsprozesse organisiert werden. Diese Annahme muss man nicht teilen; Sozialität und kulturelle Einflüsse nehmen möglicherweise einen erheblich tiefer greifenden Einfluss auf die kognitive Entwicklung. Sehr schön hat dies Piagets Zeitgenosse Lew Vygotsky (1986-1934) beschrieben, dem zufolge neue, im Aufbau befindliche Fähigkeiten zumindest eine Zeitlang nur in der Zusammenarbeit von Kind und Erwachsenem oder anderen Kindern realisiert werden können, der sogenannten Zone proximaler Entwicklung (1934/1986). Piaget hat zwar immer wieder betont, dass soziale Einflüsse wichtig sind, hat ihrer konkreten Erforschung aber ein eigentümliches Desinteresse entgegengebracht.

Auch Piagets Wissensbegriff wurde in Psychologie und Philosophie kontrovers diskutiert. Vertreter konstruktivistischer Lerntheorien wie etwa Seymour Papert (*1928) haben sich unter dem Schlagwort »situiertes Wissen« gegen die Theorie Piagets (und übrigens auch andere kognitionswissenschaftliche Ansätze) gewandt. Sie stellen grundsätzlich in Frage, ob formaloperationales Denken die fortgeschrittenste Stufe oder der Markstein eines tiefen Verständnisses ist bzw. ob Wissen sich überhaupt von der Situation, den Problemen und Materialien ablösen lässt. Solche Ansätze interessieren sich dafür, was mit Wissen passiert, wenn es durch verschiedene Medien ausgedrückt oder auf andere Kontexte übertragen werden muss. Auch diese konstruktivistischen Lerntheorien gehen davon aus, dass Wissen durch aktiven Konstruktionsprozess des Lernenden entsteht. Papert betont jedoch, dass Intelligenz immer situiert ist, also verbunden mit der Umgebung und empfänglich für deren Veränderungen. (1982) Wissen ist damit nicht nur kontextgebunden, sondern auch fragil, nie endgültig. Wenn Piaget dem auch teilweise zustimmen würde, so hat er doch zumindest daran geglaubt, dass Wissen voranschreitet und sich immer weiter von Materialien, Anschauung und Wahrnehmung löst. Anders als das engagierte, sozial eingebettete, mit seiner Umgebung untrennbar verknüpfte Subjekt Paperts ist Piagets Wissenschaftler ein einsamer Robinson Crusoe auf einer Insel, der sich diese durch distanziertes Kartographieren und Organisieren erschließt. (Ackermann 1991)

Wie sieht es mit Piagets Wirkung außerhalb des engeren Rahmens der Psychologie aus? Für die *Erziehungswissenschaften und Pädagogik* zählt Piaget zu den wichtigsten Psychologen. Piaget selbst hat sich um die pädagogischen Folgerungen aus seiner Theorie der Wissens- oder Denkentwicklung wenig gekümmert. Die von ihm so genannte ›amerikanische Frage‹ – wie man vorgehen muss, um einen Begriff zu lehren oder eine Entwicklung zu beschleunigen – hat er abgelehnt. Zudem hat er die pädagogischen Wirkungen seiner Theorie einseitig reformpädagogisch ausgelegt. Erziehung hat ihm zufolge vor allem negativ zu sein.

Die genetische Epistemologie bietet zudem wenig klare Ansatzpunkte für pädagogisches Handeln – selbst wenn Piagets Menschenbild Faszinationskraft für pädagogisches Handeln besitzen mag, weil er die rationalen Möglichkeiten des Menschen, seine Fähigkeit, sich mit der Welt erkennend auseinanderzusetzen und sein Handeln an dieser Erkenntnis auszurichten, betont und damit aufklärerischen Motiven eine große Bedeutung zugesteht. Piaget beschäftigt sich zwar mit dem, was landläufig Lernen heißt. Er hat jedoch streng zwischen Lernen – dem Erwerb einzelner inhaltlicher Kenntnisse – und Entwicklung – dem Aufbau von Strukturen – unterschieden. Lernen ist ein untergeordneter Prozess; wichtig ist die Entwicklung. Seine Erklärung der Entwicklung hebt den Einzelnen hervor, das Individuum, dessen Entwicklung von diesem selbst hervorgebracht wird. Zu solchen Prozessen können Lehrer und Eltern nur beitragen, indem sie Situationen schaffen, welche die Auseinandersetzung des Kindes mit der Welt anregen. Das Lernen von Inhalten, Tatsachen und Besonderheiten ist der spontanen Äquilibration und Strukturbildung untergeordnet. Durch diese Grundgedanken entsteht eine pädagogische Matt-Situation: Lernen kann der Lehrer zwar fördern, aber es ist nicht wesentlich, der wesentliche Prozess der Äquilibration vollzieht sich spontan, und der Lehrer kann nichts für ihn tun.

Nun ist es durchaus eine pädagogische Leistung, kindliches Denken zu verstehen und zu erklären. In diesem Sinne ist Piagets Bedeutung für die Pädagogik unzweifelhaft hoch. Zudem hat er die Pädagogik interessanterweise auch direkt beeinflusst. In den sechziger und siebziger Jahren ging seine Theorie gemeinsam mit der formalistischen Bourbaki-Mathematik in die »modern mathematics«-Bewegung der Mathematik-Didaktik ein. Vor allem der Übergang vom prä- zum konkretoperationalen Denken und die Ausbildung von (konkreten) Operationen und Gruppierungen schienen Aufgaben der Primarstufendidaktik zu sein. Zudem hatte der Psychologe Hans Aebli (1923-1990) aus Piagets Ansatz eine operative Didaktik abgeleitet, eine Didaktik, die nicht vom Bildungsgegenstand, sondern vom Lernprozess ausgehend konzipiert war. Auch hier war das wesentliche Ziel, Operationen zu ermöglichen und damit Denken als verinnerlichtes Tun zu fördern. (Aebli 1963) Diesen Bewegungen war gemeinsam, dass sie versuchten, Mathematik und Naturwissenschaften an Schulen ›konstruktiv‹ zu lehren und auf der Eigenaktivität und -initiative der Kinder aufzubauen.

Piagets Grundannahmen vom schöpferischen Subjekt und der Bedeutung der Operationalität sowie von Strukturen für die Entwicklung kamen diesem Verständnis entgegen. Seine Experimente, die ursprünglich dem Zweck dienten, die Erkenntnisstrukturen von Kindern aufzudecken, wurden von Didaktikern in Lernsituationen umgewandelt – Situationen, in denen Kinder Zahl- und Mengenkonstanz und andere Erhaltungsbegriffe, Reversibilitäten und anderes durch eigenes Handeln entdecken sollten. Die Begeisterung für »modern mathematics« war allerdings kurzfristig, und ihre Inhalte sind inzwischen – auch aufgrund ihrer vielen Misserfolge – wieder aus dem Lehrstoff gestrichen. Neure Mathematik-Didaktik, die sich auf Piaget bezieht, greift übrigens gar nicht mehr seine Beschreibung kognitiver Strukturen auf, sondern den Gedanken der Assimilationsschemata. (Vergnaud 1996) Auch die konstruktivistische Pädagogik bezieht sich vor allem auf Handlungsschema, Störung und Gleichgewichtsherstellung. (z.B. von Glasersfeld 1994)

Ein weiterer pädagogisch interessanter Begriff ist der des kognitiven Konflikts. Kognitive Konflikte entstehen, wenn eine Situation mit den vorhandenen Schemata nicht erfasst, verstanden oder ›behandelt‹ werden kann. Wie schon Piaget gezeigt hat, sind Kinder (und Erwachsene) gut darin, nicht zu ihren Schemata passende Befunde zu ignorieren. Werden diese Konflikte aber wahrgenommen, führt das zu Neugier und motiviert eine Weiterentwicklung der Schemata. Kognitiver Konflikt könnte so ein Kern von sachbezogener Motivation oder Interesse sein. (Berlyne 1974) Wichtig ist, dass diese Diskrepanzen nicht zu groß sind, also noch gerade in die Zone der Assimilierbarkeit fallen. Diese Vorstellung hat Piaget in BE geäußert; sie findet sich aber auch bei Hans Aebli und in neueren konstruktivistischen Lerntheorien. – Bei allem Einfluss muss aber festgehalten werden, dass Piagets genetische Epistemologie nichts Spezifisches zum Verständnis der Schulsituation beiträgt.

Die *Philosophie der Mathematik* hat für die genetische Epistemologie eine große Bedeutung. Weil mathematische Formalisierungen für die Methoden sämtlicher Wissenschaften eine zentrale Rolle spielen, bildet die erkenntnistheoretische Erklärung mathematischer Strukturen und Theorien den Kern von Piagets Versuch, wissenschaftliche Erkenntnis genetisch zu begründen. Die Theorie der genetischen Konstruktion mathematischer Strukturen durch reflektierende Abstraktionen geht über den traditionellen Kanon von Grundlagentheorien der Mathematik – Formalismus, Logizismus, Intuitionismus – hinaus. Dennoch hat Piaget keinen nennenswerten Einfluss auf die Philosophie der Mathematik ausgeübt. Vieles in seiner Mathematik ist laienhaft (Freudenthal 1973, S. 259ff.) und von Mathematikern nicht ernst genommen worden. Sein Versuch, Erkenntnistheorie psychologisch zu begründen, erschien der meist oberflächlichen Betrachtung durch Mathematiker als Verwechselung von Problemen der Begründung (Geltung) und der Entstehung (Genese) mathematischer Konzepte. Dass diese Sichtweise zu kurz greift, wurde im Kapitel über Piaget als Erkenntnistheoretiker bereits erläutert; sie hat einer ernsthaften mathematischen Beschäftigung mit Piaget dennoch sehr geschadet.

Auch die *Philosophie* hat sich mit der genetischen Epistemologie lange Zeit schwer getan. Erst in den siebziger und achtziger Jahren begann man, Piaget allmählich als Philosophen wahrzunehmen .[58] Sein Versuch der Verwissenschaftlichung der Erkenntnistheorie wurde seitens der Philosophie allerdings auch dann noch mit großer Skepsis betrachtet. Er galt als Wiederholung des psychologistischen Denkfehlers aus dem 19. Jahrhundert, als versucht wurde, die erkenntniskritische Philosophie Kants psychologisch umzudeuten. Weil die psychologische Forschung, mit deren Hilfe hier die Gültigkeit oder Wahrheit von wissenschaftlichen Grundbegriffen, Kategorien oder logischen Gesetzen begründet werden soll, solche Begriffe bereits voraussetzen muss, sind ihre erkenntnistheoretischen Erklärungen (angeblich) zirkulär. Die Verwissenschaftlichung der Erkenntnistheorie führt also dazu, dass die Frage nach der Wahrheit von Erkenntnis gar nicht mehr sinnvoll gestellt, geschweige denn beantwortet werden kann.

Piagets genetische Epistemologie ist zwar wie der Psychologismus eine empirisch-wissenschaftliche Erkenntnistheorie, aber sie ist weit mehr als empirische Psychologie. Anders als der Psychologismus beruht sie auf einem weiten und dynamischen Verständnis von Wissenschaftlichkeit und integriert eine ganze Reihe typisch philosophischer Grundannahmen. Piagets Ansatz weist Gemeinsamkeiten mit so verschiedenen philosophischen Strömungen wie dem klassischen Rationalismus, dem Empirismus, dem erkenntnistheoretischen Idealismus und der Aufklärungsphilosophie auf. Zudem hat Piaget Thesen entwickelt, die spätere konstruktivistische und strukturalistische Philosophien vorwegnehmen. Vor allem die Überzeugungen, Erkenntnis beruhe auf einer tatsächlichen Auseinandersetzung des Menschen mit der Welt, Erfahrung sei mehr als das bloße Registrieren von Daten und wissenschaftliche Erkenntnis sei eine unabschließbare und dennoch fortschreitende Anpassung an die Realität, bewahren die genetische Epistemologie vor dem Zirkelschluss des Psychologismus.

Ob die genetische Epistemologie tatsächlich die »zeitgemäßeste, d.h. zumindest dem naturwissenschaftlichen Entwicklungsstand unserer Epoche optimal entsprechende Erkenntnistheorie« (Wetzel 1978, S. 42) ist, lässt sich noch nicht abschließend beurteilen. Sicherlich zählt sie zu den hoffnungsvolleren Kandidaten. Sie hat jedoch auch charakteristische Einseitigkeiten.

Piaget hat ein prinzipielles Vertrauen in den wissenschaftlichen Fortschritt. Er ist davon überzeugt, dass die Wissenschaften aufgrund ihrer vielfältigen empirischen und formalen Verfahren der Wahrheit oder Objektivität zumindest immer näher kommen, weil falsche Theorien auf lange Sicht dieser doppelten Überprüfung nicht gewachsen sein werden. Dieser Überzeugung gibt er auf verschiedene Weise Ausdruck; wir haben oben die Annahme von der majorierenden Äquilibration und zunehmenden Dezentrierung von Erkenntnis kennen gelernt. Auch die Psychogenese deutet Piaget als eine verlustfreie Entwicklung in Richtung besserer Erkenntnis. Schon hier ist jedoch fraglich, ob Entwicklungsprozesse tatsächlich unidirektional verlaufen und der Erwachsene tatsächlich in verbesserter Form über alle Erkenntnismöglichkeiten und Weltbezüge des Kindes verfügt.

Abgesehen von den im engeren Sinne wissenschaftstheoretischen Schwierigkeiten dieser Ansicht übersieht Piaget wie schon bei der kindlichen Entwicklung alle sozialen und gesellschaftlichen Bedingungen von Erkenntnis oder unterschätzt doch wenigstens ihren Einfluss auf Erkenntnis. Die Geschichte von Philosophie und Wissenschaft zeigt, dass das, was einer Epoche als wahres Wissen gilt, auch geprägt ist von gesellschaftlichen Machtverhältnissen – der öffentlichen, institutionellen oder diskursiven Macht, über die bestimmte Gruppen verfügen – oder von politischen oder technologischen Interessen. Piaget hat solchen Fragen wenig Aufmerksamkeit geschenkt. Trotz seiner grundsätzlich genetischen Perspektive untersucht er nur die rational rekonstruierbaren Bedingungen von Erkenntnis – ein dezidierter Rationalist mit einem festen Glauben an menschliche und wissenschaftliche Vernunft. Piagets Grundüberzeugungen speisen sich aus dem Selbstverständnis der antimetaphysischen neuzeitlichen Wissenschaften und des philosophischen Rationalismus, die sich gegen traditionelle – vor allem theologische, aber auch philosophische – Autoritäten wandten und von wissenschaftlicher Forschung und wissenschaftlicher Erkenntnis die Lösung der Probleme der Menschheit erhofften.

Anhang

Anmerkungen

1 Eigene Übersetzung nach Gruber & Vonèche 1977, leicht gekürzt.

2 Möglicherweise übertreibt Piaget, wenn er rückblickend behauptet, schon immer Naturalist oder Naturwissenschaftler gewesen zu sein. Seine Autobiographie legt zum Beispiel nahe, dass über einige Zeit Bergson einen starken Einfluss auf ihn ausgeübt hat; vgl. beispielsweise Vidal 1994.

3 *Sprechen und Denken des Kindes*, *Urteil und Denkprozeß des Kindes*, *Das Weltbild des Kindes*, *Das moralische Urteil beim Kinde.*

4 Schon Piaget selbst kritisierte, dass er in seinen Untersuchungen vor allem Erklärungen von Kindern erfasst hat und diese deren kognitive Fähigkeiten möglicherweise gar nicht genau widerspiegeln; vgl. Evans 1973, S. 123-124.

5 Wie bereits erwähnt, ist Bärbel Inhelders großer Beitrag zu dem, was heute als Werk Piagets gilt, bis heute nicht ausreichend dokumentiert.

6 Piaget gibt das Alter der beobachteten Kinder in der Form »Jahre; Monate (Tage)« an. Die von ihm verwendeten Abkürzungen der Namen seiner Kinder (J. und L.) werden oben und im Folgenden durch die vollständigen Namen ersetzt.

7 In manchen Experimenten ist der Begriff Messen einleuchtender, zum Beispiel wenn das Ausmaß der von einem Kind mit dem Finger vorhergesagten Bewegung einer Waage berichtet wird, an die man ein Gewicht hängt.

8 Ein prominentes Beispiel hierfür ist die Rolle der Astronomie in der Physik. Zwar können die Faktoren, welche die Bewegungen der Himmelskörper bedingen, vom Wissenschaftler nicht variiert werden, aber er kann aufgrund seiner Vermutungen über diese Faktoren die Stellung der Himmelskörper zu bestimmten Zeitpunkten voraussagen und diese Vorhersagen dann empirisch überprüfen; vgl. EWM, S. 53.

9 Im ganz späten Werk werden die mathematischen Strukturen kategorientheoretisch gedeutet; vgl. Piaget, Henriques & Asher 1992.

10 Zum sensomotorischen Stadium seien empfohlen *Das Erwachen der Intelligenz beim Kinde* und *Der Aufbau der Wirklichkeit beim Kinde*, zur präoperationalen Intelligenz *Die Entwicklung des inneren Bildes beim Kinde*. Zum konkret- und formaloperationalen Denken ist vor allem *Von der Logik des Kindes zur Logik des Heranwachsenden* informativ. Piagets eigene Zusammenfassungen der Stufentheorie sind unterschiedlich lesenswert, am ehesten die auf die erkenntnistheoretische Relevanz zugeschnittene Kurzfassung im *Abriß der genetischen Epistemologie* sowie die mit Bärbel Inhelder verfasste *Psychologie des Kindes*, die in der deutschen Übersetzung allerdings erheblich von Piagets üblicher Begriffswahl abweicht.

11 Assimilation ist die Anpassung von Gegebenheiten an ein Handlungsschema des Subjekts. Sie tritt nach Piaget immer zugleich mit einer Akkommodation des Schemas an die Besonderheiten des Gegebenen auf; vgl. hierzu Kapitel 4.3.

12 Vgl. EIK, S. 261 f. Nach neueren Untersuchungen scheint das Wissen darum, dass Dinge senkrecht nach unten fallen, angeboren zu sein; vgl. Gómez 2005.

13 Piaget bezweifelt aufgrund seiner Überzeugung von der Kontinuität zwischen biologischer, psychischer und Erkenntnisentwicklung, dass sich das allererste Auftreten von Intelligenz eindeutig bestimmen lässt. Jeder intelligente Akt hat Vorläufer, und das hier gewählte Kriterium ist somit nicht das einzig mögliche.

14 Beim Raumverständnis handelt es sich um die von Piaget so genannte praktische Bewegungsgruppe, die er in PK, S. 26, definiert.

15 Zur Entwicklung des permanenten Objekts vgl. ausführlich AWK, Kapitel 1. Hier wird auch sehr schön illustriert, dass die Übergänge zwischen den verschiedenen Stadien der Entwicklung sehr fein und graduell sind.

16 Piaget hat diese mangelnde Unterscheidung zwischen dem Materiellen und dem Mentalen als Defizit angesehen. Die strikte Trennung von Materie und Bewusstsein ist jedoch, wie die Philosophiegeschichte zeigt, relativ neu; sie entsteht erst mit der beginnenden Neuzeit. Man kann sich durchaus die Frage stellen, ob die Kinder

hier, anstatt auf einer frühen Stufe des Weltverständnisses zu stehen, ein entwickeltes nicht-neuzeitliches Weltverständnis zeigen.

17 Piaget hat den Begriff Egozentrismus ursprünglich für das präoperationale Denken geprägt, später jedoch aufgrund der mit seinen negativen Konnotationen einhergehenden Missverständnisse durch den der Zentrierung ersetzt. Später wurde er auf alle Stufen erweitert.

18 Mit dem von William Stern übernommenen Begriff der Transduktion grenzt Piaget sich von den üblichen Schlussweisen der Induktion vom Einzelnen zum Allgemeinen und der umgekehrt vom Allgemeinen aufs Besondere schließenden Deduktion ab.

19 Der beschriebene Versuch findet sich ausführlich in EpM, S. 39-63.

20 Ackermann 1991, S. 189, eigene Übersetzung.

21 Als eigene Logik hat Piaget dies im *Traité de logique: Essai de logistique opératiore* beschrieben. Definitionen Piagets finden sich beispielsweise in LK, S. 260 ff., und in EMP, S. 180 ff. Eine mathematische Analyse bietet Wittmann 1978.

22 Zusammenfassungen des Aufbaus anderer Begriffe finden sich beispielsweise in PK, S. 100-114, in der zweiten Vorlesung von EgE und in PI, S. 157-167.

23 Eine Relation R heißt transitiv, wenn für beliebige a, b und c gilt: aus R(a,b) und R(b,c) folgt, dass R(a,c). Die Jugendlichen verwenden umgangssprachliche Formulierungen dieses Sachverhalts.

24 Die INRC-Gruppe ist eine konkrete Realisation der Kleinschen Vierergruppe, einer Grundstruktur der Mathematik.

25 Piagets diesbezügliche Untersuchungen finden sich in LK. Empfehlenswert ist auch die zusammenfassende Darstellung in Neimark, 1978. Die mathematischen Begriffe Piagets werden auch für Nichtmathematiker verständlich erläutert in Schmitz und Scharlau 1985.

26 Es gibt $2^4=16$ Möglichkeiten, denn jede der vier Flüssigkeiten A, B, C und D kann in einer Mischung entweder vorhanden oder nicht vorhanden sein. Eine der theoretischen Möglichkeiten, die Lösung, in der keine der vier Flüssigkeiten anwesend ist, kann natürlich nicht verwendet werden, so dass 15 Lösungen übrig bleiben. – Kombinatorische Operationen dieser Art lassen sich in algebraischen Strukturen formalisieren. Vgl. hierzu Neimark 1978, S. 159, und EMP, S. 187 f. Das geschilderte Experiment findet sich ausführlich in LK, S. 112 ff.

27 Es gelten das Kommutativ- und das Assoziativgesetz, und es gibt ein identisches und zu jedem Element ein inverses Element.

28 Vgl. hierzu PK, 138 f. Kombinierbarkeit heißt, dass die Reversibilitätsformen untereinander koordiniert sind.

29 Interessanterweise hat psychologische Forschung nach Piaget gezeigt, dass Erwachsene bei derartigen Aufgaben oft unlogisch denken. Zum Beispiel suchen sie nach Bestätigung für Aussagen, nicht nach widerlegenden Befunden, was eine viel effizientere Strategie wäre; vgl. hierzu zum Beispiel Wason 1960.

30 Die psychologische Datenbank psycINFO listet für den Zeitraum zwischen 1927 und Anfang 2007 über 8000 Artikel auf, die eine Schrift von Piaget zitieren – mehr als hundert pro Jahr.

31 Beim Menschen werden Widersprüche zwischen Sehen und Verhalten im Laufe der Ontogenese überwunden. Interessanterweise ist dies bei Primaten nicht der Fall. (Gómez 2005) Die Widersprüche sind also eventuell ein notwendiges Zwischenstadium in einer Entwicklung, die zu einem komplexen kognitiven System führt.

32 Vgl. zum Beispiel den Überblicksartikel von Newcombe 1989.

33 Zusammenfassende Darstellungen der Befunde in Liben 1991; Pascual-Leone & Morra 1991.

34 Diese Geschlechtseffekte sind recht robust. Heute erklärt man sie durch eine Interaktion genetischer mit sozialen Faktoren: Jungen bringen leicht bessere räumliche Fähigkeiten mit, führen entsprechende Tätigkeiten aus und verbessern dadurch ihre räumlichen Fähigkeiten.

35 Ein Erklärungsversuch findet sich in BA, S. 102.

36 Zum Beispiel dialektisches Denken bei Pascual-Leone 1983.

37 Vgl. hierzu explizit BE, S. 14-17.

38 Noch später hat er sich der mathematischen Kategorientheorie zugewandt; vgl. Piaget, Henriques & Asher 1992.

39 Assimilation bedeutet übrigens auch, dass Kinder (oder Menschen) ihren eigenen ›sensorischen‹ Input aussuchen. Das könnte, so heutige Vermutungen, für die Entwicklung und das kognitive System sehr effizient sein; vgl. Schlesinger, Parisi & Langer 2000.

40 Zum ersten vgl. etwa ÄS, S. 11, zum zweiten PI, S. 189.

41 Zum Folgenden vgl. EgE, S. 23 ff., und BA, S. 87 f.

42 EMP, S. 266 f.; Definitionen finden sich außerdem in BA, S. 95 f., und in EMP, S. 274 f.

43 Vgl. etwa EE III, S. 279, BA, S. 106, und EMP, S. 259. Piaget verweist in diesem Zusammenhang wiederholt auf den Gödelschen Beweis. Dieser war gegen den Versuch gerichtet, die Mathematik durch logische Beweisführung aus einigen grundlegenden logischen oder mengentheoretischen Axiomen abzuleiten. Kurt Gödel zeigte 1931, dass es mit den Mitteln einer gegebenen formalen Struktur nicht möglich ist, zugleich deren Vollständigkeit und Widerspruchsfreiheit zu beweisen. Dieser Beweis ist Piaget deswegen wichtig, weil er eine Genealogie in die Mathematik einführt: eine Hierarchie von immer umfassenderen, integrativen Strukturen, die die Begründung mathematisch-logischer Strukturen leisten; vgl. Str, S. 15 und S. 33, EMP, S. 266.

44 Vgl. etwa BE, S. 328, 329, BA, S. 75 ff., S. 97, EPM, S. 259 sowie EgE, S. 10 f., wo Piaget behauptet, der Mathematiker Georg Cantor habe die erste transfinite Zahl durch reflektierende Abstraktion auf die eineindeutige Abbildung entdeckt.

45 Piaget 1976, S. 65, eigene Übersetzung.

46 PE, S. 38 f. Zur Definition der Bewusstwerdung vgl. auch WI, S. 202.

47 Descartes 1641/1959, insbesondere die erste und zweite Meditation.

48 Diese Formulierung ist die lateinische Übersetzung eines Zitats aus Descartes 1637/1960, S. 53.

49 Descartes selbst verwendet den Subjektbegriff in der aristotelischen Tradition im Sinne von Unterworfensein und nicht in seiner neuzeitlichen Bedeutung, so dass sein Ansatz eine Subjektivitätsphilosophie »avant la lettre« ist.

50 WI, S. 100 f. Was Piaget hier als »logischen Aspekt« bezeichnet, stimmt mit dem, was ich Formalisierung genannt habe, überein.

51 Vgl. zum Folgenden EE I, S. 42-49, EE III, S. 123-126, und S. 253-258.

52 EE I, S. 50. Zur Zirkularität von Subjekt und Objekt vgl. vor allem EE III, S. 258-247.

53 Das Zitat stammt aus Str, S. 67; vgl. auch Str, S. 68 und 137.

54 Diese Formulierung findet sich wiederholt in WI.

55 WI, S. 107. Zum Folgenden vgl. ebd., Kapitel III und IV.

56 Am deutlichsten hat er dies in PI formuliert. Eine Ausnahme bildet übrigens das Äquilibrationswerk; die hier berücksichtigten kybernetischen Steuerungsmechanismen sind aber keine spezifisch psychologischen Prozesse.

57 Versuche mit ähnlichen Themen sind auch schon von Mitarbeitern Piagets vorgenommen, aber weniger bekannt geworden. Vgl. hierzu Bovet & Vonèche 1978; Cellérier 1978.

58 Für die deutschsprachige Rezeption vgl. beispielsweise Fetz 1988; Kesselring 1981; Liebsch 1992; Ros 1983.

Literatur

Schriften Jean Piagets

Mit Siglen angegebene Werke

AB: Autobiographie, in: Jean Piaget – Werk und Wirkung. München: Kindler 1976.

AgE: Abriß der genetischen Epistemologie. Olten und Freiburg: Walter 1974.

ÄS: Die Äquilibration der kognitiven Strukturen. Stuttgart: Klett-Cotta 1976.

AWK: Der Aufbau der Wirklichkeit beim Kinde, Gesammelte Werke, Bd. 2. Stuttgart: Klett-Cotta 1975.

BA Biologische Anpassung und Psychologie der Intelligenz. Stuttgart: Klett-Cotta 1974.

BE: Biologie und Erkenntnis. Über die Beziehungen zwischen organischen Regulationen und kognitiven Prozessen. Frankfurt am Main: Suhrkamp 1974.

EE: Die Entwicklung des Erkennens I-III, Gesammelte Werke, Bde. 8-10. Stuttgart: Klett-Cotta 1975.

EgE: Einführung in die genetische Erkenntnistheorie. Frankfurt am Main: Suhrkamp 1973.

EiB: (mit B. Inhelder) Die Entwicklung des inneren Bildes beim Kinde. Frankfurt am Main: Suhrkamp 1979.

EIK: Das Erwachen der Intelligenz beim Kinde, Gesammelte Werke, Bd. 1. Stuttgart: Klett-Cotta 1975.

EMP: (mit E. W. Beth) Épistémologie mathématique et psychologie. Essai sur les relations entre la logique formelle et la pensée réelle, in: J. Piaget (Hg.), Études d'Épistémologie Génétique. Paris: PUF 1961.

EpM: Die Entwicklung der physikalischen Mengenbegriffe beim Kinde. Erhaltung und Atomismus, Gesammelte Werke, Bd. 4. Stuttgart: Klett-Cotta 1975.

EWM: Erkenntnistheorie der Wissenschaften vom Menschen. Berlin: Ullstein 1972.

LK: (mit B. Inhelder) Von der Logik des Kindes zur Logik des Heranwachsenden. Essay über die Ausformung der formalen operativen Strukturen. Stuttgart: Klett-Cotta 1980.

NST: Nachahmung, Spiel und Traum. Die Entwicklung der Symbolfunktion beim Kinde, Gesammelte Werke, Bd. 5. Stuttgart: Klett-Cotta 1975.

PE: Probleme der Entwicklungspsychologie. Kleine Schriften. Hamburg: Europäische Verlags Anstalt 1993.

PI: Psychologie der Intelligenz. München: Kindler 1974.

PK: (mit B. Inhelder) Die Psychologie des Kindes. München: dtv 1986.

Str: Der Strukturalismus. Olten: Walter 1973.

WI: Weisheit und Illusionen der Philosophie. Frankfurt am Main: Suhrkamp 1985.

WK: Das Weltbild des Kindes. München: dtv 1988.

Weitere Werke Piagets

Das moralische Urteil beim Kinde. Frankfurt am Main: Suhrkamp 1979.

Das Recht auf Erziehung und Die Zukunft unseres Bildungssystems. München: Piper 1975.

(mit B. Inhelder) Die Entwicklung der elementaren logischen Strukturen. Düsseldorf: Schwann 1973.

(mit B. Inhelder) Die Entwicklung des räumlichen Denkens beim Kinde, Gesammelte Werke, Bd. 6. Stuttgart: Klett-Cotta 1975.

(mit A. Szeminska) Die Entwicklung des Zahlbegriffs beim Kind, Gesammelte Werke, Bd. 3. Stuttgart: Klett-Cotta 1975.

Die Bildung des Zeitbegriffs beim Kinde. Frankfurt am Main: Suhrkamp 1974.

(mit B. Inhelder) Die natürliche Geometrie des Kindes, Gesammelte Werke, Bd. 7. Stuttgart: Klett-Cotta 1975.

Experiments in contradiction. Chicago: University of Chicago Press 1980.

(mit B. Inhelder) Gedächtnis und Intelligenz. Olten: Walter 1974.
Inconscient affectif et inconscient cognitif. Raison présente, 19, 11-20 1970.
Intelligenz und Affektivität in der Entwicklung des Kindes. Frankfurt am Main: Suhrkamp 1995.
La psychanalyse et ses rapports avec la psychologie de l'enfant. Bulletin de la société Alfred Binet, 20, 18-34, 41-58, 1920.
(mit G. Henriques & E. Ascher) Morphisms and categories: Comparing and transforming. Hillsdale: Lawrence Erlbaum 1992.
Sprechen und Denken des Kindes. Düsseldorf: Schwann 1972.
The affective unconscious and the cognitive unconscious, in: B. Inhelder & H. Chipman (Eds.). Piaget and his school (pp. 63-72). New York: Springer 1976.
Theorien und Methoden der modernen Erziehung. Wien/Zürich: Molden 1972.
Traité de logique: Essai de logistique opératoire. Paris: A. Colin 1949.
Urteil und Denkprozeß des Kindes. Düsseldorf: Schwann 1972.

Bibliographien

Eine gute Quelle sind die Archives Jean Piaget in Genf: http://www.unige.ch/piaget/

Sekundärliteratur findet sich in der deutschsprachigen Piaget-Bibliographie von Sibylle Volkmann-Raue und Kurt Mager an der Universität Dortmund:
http://psychologie.fb14.uni-dortmund.de/piaget/

Eine empfehlenswerte, nach Sachgebieten geordnete und kommentierte Bibliographie findet sich in:
Kesselring, T. (1999). Jean Piaget. München: Beck.

Vornehmlich englischsprachige und philosophisch orientierte Sekundärliteratur listen auf:
Kitchener, R.F. (1985). Bibliography of Philosophical Works on Piaget. Synthese, 65, 139-151.
Vuyk, Rita, (1981). Overview and Critique of Piaget's Genetic Epistemology 1965-1980. London: Academic Press.

Psychologische Artikel zu Piaget können in im Internet verfügbaren Datenbanken (z.B. psycINFO, psyndex) nachgesehen werden.

Ausgewählte und zitierte Sekundärliteratur

Ackermann, E. (1991). From decontextualized to situated knowledge: Revisiting Piaget's water-level experiment, in: S. Papert & I. Harel (Eds.). Constructionism (pp. 269-294). Westport: Ablex Publishing.

Aebli, H. (1963). Psychologische Didaktik. Didaktische Auswertung der Psychologie von Jean Piaget. Stuttgart: Klett-Cotta.

Aebli, H. (1978). Von Piagets Entwicklungspsychologie zur Theorie der kognitiven Sozialisation, in: G. Steiner (Hrsg.). Piaget und die Folgen (S. 604-628). Zürich: Kindler.

Ashby, W.R. (1974). Einführung in die Kybernetik. Frankfurt am Main: Suhrkamp.

Backscheider, A. G., Shatz, M. & Gelman, S. A. (1993). Preschoolers' ability to distinguish living kinds as a function of regrowth. Child Development, 64, 1242-1257.

Baillargeon, R. (1993). The object concept revisited: New direction in the investigation of infants' physical knowledge, in: C. Granrud (Ed.). Visual perception and cognition in infancy (pp. 265-315). Hillsdale: Lawrence Erlbaum.

Berlyne, D. E. (1974). Konflikt, Erregung, Neugier: Zur Psychologie der kognitiven Motivation. Stuttgart: Klett.

Bourbaki, N. (1974). Die Architektur der Mathematik, in: M. Otte (Hrsg.). Mathematiker über die Mathematik (S. 140-159). Berlin: Springer.

Bovet, M. C. & Vonèche, J. J. (1978). Der Aufbau der kognitiven Strukturen aus der Sicht der Genfer Psychologen, in: G. Steiner (Hrsg.). Piaget und die Folgen (S. 242-260). Zürich: Kindler.

Bringuier, J.-C. (1996). Im allgemeinen werde ich falsch verstanden. Hamburg: Europäische Verlags-Anstalt.

Bruner, J. S. (1988). Über die Invarianz von Flüssigkeiten, in: J.S. Bruner, R. R. Oliver & P. M. Greenfield (Hrsg.). Studien zur kognitiven Entwicklung (S. 223-257), 2. Auflage. Stuttgart: Klett-Cotta.

Carey, S. (1985). Conceptual change in childhood. Cambridge: MIT Press.

Case, R. (1992). The mind's staircase: Exploring the conceptual underpinnings of children's thought and knowledge. Hillsdale: Lawrence Erlbaum.
Cellérier, G. (1978). Experiment und Theorie Piagets vom informationstheoretischen Standpunkt, in: G. Steiner (Hrsg.). Piaget und die Folgen (S. 951-967). Zürich: Kindler.
Chomsky, N. (1996). Probleme sprachlichen Wissens. Weinheim: Beltz.
Déak, G.O. (2006). Do children really confuse appearance and reality? Trends in Cognitive Sciences, 10, 546-550.
Descartes, R. (1960). Discours de la Méthode. Von der Methode des richtigen Vernunftgebrauchs und der wissenschaftlichen Forschung. Hamburg: Meiner.
Descartes, R. (1959). Meditationes de prima philosophia. Meditationen über die Grundlagen der Philosophie. Hamburg: Meiner.
Diamond, A. (1991). Neuropsychological insights into the meaning of object concept development, in: S. Carey & R. Gelman (Eds.). The epigenesis of mind. Essays on biology and cognition (pp. 67-110). Hillsdale: Lawrence Erlbaum.
Donaldson, M. (1991). Die Fähigkeit, den Standpunkt anderer einzunehmen, in: M. Donaldson (Hrsg.). Wie Kinder denken: Intelligenz und Schulversagen (S. 20-37). München: Piper.
Engels, E.-M. (1989). Erkenntnis als Anpassung? Eine Studie zur Evolutionären Erkenntnistheorie. Frankfurt am Main: Suhrkamp.
Evans, R.I. (Ed.). (1976). The making of psychology. Discussions with creative contributors. New York: Alfred A. Knopf.
Fetz, R.L. (1988). Struktur und Genese. Jean Piagets Transformation der Philosophie. Bern: Haupt.
Fischer, K.W., & Silvern, L. (1985). Stages and Individual Differences in Cognitive Development. Annual Review of Psychology, 36, 613-648.
Flavell, J.H., Friedrichs, A. G. & Hoyt, J. D. (1970). Developmental changes in memorization processes. Cognitive Psychology, 1, 324-340.
Freudenthal, Hans (1973). Mathematik als pädagogische Aufgabe, Bd. I. Stuttgart: Klett.
Gelman, S.A. (1994). Concepts and theories. In R. Gelman & T. Kit-Fong (Eds.). Perceptual and cognitive development (pp. 117-150). San Diego: Academic Press.

Glasersfeld, E. von (1994). Piagets konstruktivistisches Modell. Wissen und Lernen, in: G. Rusch & S.J. Schmidt (Hrsg.). Piaget und der radikale Konstruktivismus (S. 16-24). Frankfurt am Main: Suhrkamp.

Goldin-Meadow, S., Alibali, M.W. & Breckinridge Church, R. (1993). Transitions in concept acquisition: Using the hand to read the mind. Psychological Review, 100, 279-297.

Goldmann, L. (1966). Die genetische Psychologie Jean Piagets und die Erkenntnistheorie Jean Piagets, in: L. Goldmann, Dialektische Untersuchungen (S. 133-167). Neuwied: Luchterhand.

Gómez, J. C. (2005). Species comparative studies and cognitive development. Trends in Cognitive Sciences, 9, 118-125.

Gruber, H.E. & Vonèche, J.-J. (1977). The essential Piaget. New York: Basic Books.

Hecht, H. & Proffitt, D.R. (1995). The price of expertise: Effects of experience on the water-level task. Psychological Science, 6, 90–95.

Hume, D. (1973). Ein Traktat über die menschliche Natur. Hamburg: Meiner.

Husserl, E. (1976). Ideen zu einer reinen Phänomenologie und phänomenologischen Philosophie. Erstes Buch. Den Haag: Nijhoff.

Inagaki, K. & Hatano, G. (2004). Vitalistic causality in young children's naive biology. Trends in Cognitive Sciences, 8, 356-362.

Inhelder, B. (1969). Memory and intelligence in the child, in: D. Elking & J.H. Flavell (Eds.). Studies in cognitive development (pp. 337-364). New York: Oxford University Press.

Inhelder, B. (1997). Autobiographie. in: S. Volkmann-Raue (Hrsg.). Mit Jean Piaget arbeiten: Bärbel Inhelder. Die Autobiographie und andere Texte zur Entwicklungspsychologie (S. 25-125). Münster: Lit.

Inhelder, B., Sinclair, H. & Bovet, M. (1974). Learning and the development of cognition. Cambridge: Harvard University Press.

Kant, I. (1974). Kritik der reinen Vernunft. Bd. I, in: I. Kant, Werkausgabe Bd. 3. Frankfurt am Main 1974.

Karmiloff-Smith, A. & Inhelder, B. (1974). If you want to get ahead, get a theory. Cognition, 3, 195-212.

Keen, R. (2003). Representation of objects and events: Why do infants look so smart and toddlers look so dumb? Current Directions in Psychological Science, 12, 79-83.

Kesselring, T. (1981). Entwicklung und Widerspruch. Ein Vergleich zwischen Piagets genetischer Erkenntnistheorie und Hegels Dialektik. Frankfurt am Main: Suhrkamp.

Kesselring, T. (1999). Jean Piaget. 2. Auflage. München: Beck.

Krist, H. (2000). Development of naive beliefs about moving objects: The straight-down belief in action. Cognitive Development, 15, 397-424.

Liben, L.S. (1991). The Piagetian water-level task. Looking beneath the surface. Annals of Child Development, 8, 81-144.

Liebsch, B. (1992). Spuren einer anderen Natur. Piaget, Merleau-Ponty und die ontogenetischen Prozesse. München: Fink.

Locke, J. (1976). Über den menschlichen Verstand. Hamburg: Meiner.

Mackay, C.K. (1978). Vom voroperatorischen zum konkret-operatorischen Denken, in: G. Steiner (Hrsg.). Piaget und die Folgen (S. 121-155). Zürich: Kindler.

Meyer-Drawe, K. (1986). Zähmung eines wilden Denkens? Piaget und Merleau-Ponty zur Entwicklung von Rationalität, in: A. Métraux & B. Waldenfels (Hrsg.). Leibhaftige Vernunft: Spuren von Merleau-Pontys Denken (258-276). München: Fink.

Neimark, E. D. (1978). Die Entwicklung des Denkens beim Heranwachsenden, in: G. Steiner (Hrsg.). Piaget und die Folgen (S. 155-171). Zürich: Kindler.

Newcombe, N. (1989). The development of spatial perspective taking. Advances in Child Development, 22, 203-247.

Papert, S. (1982). Mindstorms. Kinder, Computer und neues Lernen. Basel: Birkhäuser.

Pascual-Leone, J. (1983). Growing into human maturity. Toward a metasubjective theory of adult stages, in: P. Baltes & O. Brim (Eds.). Life-span development and behaviour. Vol. 5 (pp. 117-156). New York: Academic Press.

Pascual-Leone J. & Morra S. (1991). Horizontality of water level: A neo-Piagetian developmental review, in: H.W. Reese (Ed.). Advances in child development and behaviour. Vol. 23 (pp. 231-276). New York: Academic Press.

Pauen, S. (2001). Beeinflußt Sprache die Objektkategorisierung im Säuglingsalter? Sprache und Kognition, 9, 3-12.

Peskin, J. & Ardino, V. (2003). Representing the mental world in children's social behavior: Playing hide-and-seek and keeping a secret. Social Development, 12, 496-513.
Ros, A. (1963). Die Genetische Epistemologie Jean Piagets. Resultate und offene Probleme. Philosophische Rundschau: Beiheft, Tübingen.
Schlesinger, M., Parisi, D. & Langer, J. (2000). Learning to reach by constraining the movement search space. Developmental Science, 3, 67-80.
Schlottmann, A. (1999). Seeing it happen and knowing how it works. How children understand the relation between perceptual causality and underlying mechanism. Developmental Psychology, 35, 303-317.
Schmitz, G. & Scharlau, R. (1985). Mathematik als Welterfahrung. Die Erschließung von Raum und Zeit für geistig behinderte Kinder. Bonn-Bad Godesberg: Dürr.
Siegal, M. (1997). Knowing children. Experiments in conversation and cognition (2nd ed.). Hove: Psychology Press.
Siegel, Linda S. (Ed.). (1978). Alternatives to Piaget. Critical essays on the theory. New York: Academic Press.
Siegler, R.S. (2001). Das Denken von Kindern. München: Oldenbourg.
Smith, C., Carey, S. & Wiser, M. (1985). On differentiation: A case study of the development of size, weight, and density. Cognition, 21, 177-237.
Sodian, B. (1991). The development of deception in young children. British Journal of Developmental Psychology, 9, 173-188.
Sodian, B. (2004). Entwicklung des Denkens und der theory of mind, in: B. Herpertz-Dahlmann, F. Resch, S. Schulte-Markwort & A. Warnke (Hrsg.). Entwicklungspsychiatrie (S. 85-98). Stuttgart: Schattauer.
Spelke, E.S., Breinlinger, K., Macomber, J. & Jacobson, K. (1992). Origins of knowledge. Psychological Review, 99, 605-632.
Suda, C. & Call, J. (2004). Piagetian liquid conservation in the great apes. Journal of Comparative Psychology, 118, 265-279.
Tversky, A. & Kahneman, D. (1974). Judgment under uncertainty: Heuristics and biases. Science, 185, 1124-1131.
Van Geert, P. (2000). The dynamics of general developmental mechanisms: From Piaget and Vygotsky to dynamic systems models. Current Directions in Psychological Science, 9, 64-68.

Vasta, R., Belongia, C. & Ribble, C. (1994). Investigating the orientation effect on the water-level task. Who? When? and Why? Developmental Psychology, 30, 893-904.
Vergnaud, G. (1996). Some of Piaget's fundamental ideals concerning didactics. Prospects – Quarterly Review of Comparative Education, 26, 183-194.
Vidal, F. (1994). Piaget before Piaget. Cambridge, MA: Harvard University Press.
Vygotsky, L.S. (1986). Denken und Sprechen. Frankfurt: Fischer.
Watson, J.B. (1968). Behaviorismus. Köln: Kiepenheuer & Witsch.
Wellman, H.A. & Gelman, S.A. (1998). Knowledge acquisition in foundational domains, in: D. Kuhn & R.S. Siegler (Eds.). Handbook of child psychology (Vol 2., 2nd ed.) (pp. 523-573). New York: Wiley.
Wetzel, F.G. (1978). Elemente des Rationalismus in der Erkenntnistheorie Jean Piagets, in: G. Steiner (Hrsg.). Piaget und die Folgen (S. 41-63). Zürich: Kindler.
Wilkening, F. (1978). Beachtung und Addition zweier Dimensionen: Eine Alternative zu Piagets Zentrierungsannahme. Zeitschrift für Entwicklungspsychologie und Pädagogische Psychologie, 10, 99-102.
Wilkening, F. & Huber, S. (2002). Children's intuitive physics, in: U. Goswami (Ed.). Handbook of childhood cognitive development (pp. 349-370). Oxford: Blackwell.
Wimmer, H. & Hartl, M. (1991). Against the Cartesian view on mind: Young children's difficulty with own false belief. British Journal of Developmental Psychology, 9, 125-138.
Wimmer, H. & J. Perner (1983). Beliefs about beliefs: Representation and constraining function of wrong beliefs in young children's understanding of deception. Cognition, 13, 103-128.
Wittmann, E. (1978). Piagets Begriff der Gruppierung, in: G. Steiner (Hrsg.). Piaget und die Folgen (S. 219-237). Zürich: Kindler.
Zeil-Fahlbusch, E. (1983). Perspektivität und Dezentrierung. Philosophische Überlegungen zur genetischen Erkenntnistheorie Jean Piagets. Würzburg: Königshausen + Neumann.

Ingrid Scharlau, geb. 1967, Professorin für Psychologie an der Leuphana Universität Lüneburg, hat über Piaget promoviert (Erkenntnistheorie als Wissenschaft: Streitpunkte zwischen Husserl, Gurwitsch, Merleau-Ponty und Piaget, München: Fink 1998). Arbeitsgebiete: Allgemeine, experimentelle Psychologie, Pädagogische Psychologie, Geschichte und Grundlagen der Psychologie.